LA ABOMINACIÓN
Ante el trono de "Dios"

I Parte: Infancia e Inocencia "Y Preludio de la religión"

La Piedra

I Parte

Infancia e Inocencia
"Y Preludio de la religión"
Capítulo 1

Nací de dos seres sin amor, sin afecto, sin respeto del uno hacia el otro, católicos/cristianos. Mi padre era de ascendencia española y mi madre era de ascendencia taína/española. Fueron atados en "santo matrimonio" por una religión de dudosa reputación, idolatra de santos e imágenes de yeso. La usurpadora de la verdad, o sea "La Impostora" y sus seguidores hechizados y sugestionados.

Me criaron bajo las costumbres y prácticas de la iglesia Católica/Cristiana. Aprendí sobre el "Dios trino", los santos y los ángeles. Me forzaron a cumplir con todos los ritos y ceremonias que incluían: el bautismo (bajo un estado de ignorancia total y sin pecados), el catecismo, la primera comunión y la confesión de pecados. Siempre me pareció estar cerca de "Dios", y aprendí que sus ángeles me protegerían y me librarían de todo mal. Sin embargo fui sexualmente abusado durante mi niñez y no hubo ángel que me salvara y me librara de tal mal. Yo creí en las promesas de la iglesia, los curas y las monjas.

A la temprana edad de diez años fui "hecho" un niño eunuco (afeminado) con la ilusión de querer ser una niña. Soñaba vivir una experiencia como en los cuentos de Adas madrinas, en donde alguien es transformado de un animal a una persona. Algo así como el sapo que es transformado en príncipe, o la bestia que se transforma en príncipe. Solo que en mi caso sería de un niño aburrido y opaco a una hermosa niña llena de ilusiones y colorida. Quise ser tan niña como mis hermanas, mis primas, o mis amigas. En mis rezos pedía a "Dios" que me cambiara mi pipí (pene) por una vagina. Intentaba ocultarlo sin ninguna suerte. Mientras tanto me conformaba en jugar con las muñecas de mis hermanas, a escondidas. Y otras veces iba a las casas de mis primas o amigas y jugaba a las muñecas con ellas.

Muchas veces intentaba personificar a una mujer, madre, maestra, enfermera, azafata o una miss universo, pero no me lo permitían. Solo podía impersonar roles de macho, como a un padre, hermano, policía, criminal, baquero, Indio etc., etc., etc.

Solo mi vecina Enith me apoyaba, quien me vestía con los tacos y trajes de su madre. Su madre se incomodaba con nosotros, pero yo le decía que no se preocupara pues me gustaba usar sus vestidos y sus tacos.

Otra veces jugaba con mis amiguitos del vecindario de distintas maneras; como a los escondites, trepar árboles, ir de pesca, o nadar en el manantial todo el día.

Acostumbraba portarme servicialmente con las doñas del barrio para que me recibieran en sus hogares. A veces le lavaba las ventanas, limpiaba los patios, les pintaba algo, o algún otro favor. Y ellas me recompensaban con emparedados, dulces, refrescos o comidas.

Tuve las mejores amigas de la infancia; en cambio tuve muy pocos amigos, quizás porque se burlaban de mí y me abusaban de distintas maneras. Me hacían sentir como un anormal o un extraterrestre y me llamaban "pato". Ser niño era muy difícil; comenzando con el dormitorio, la ropa de niño con sus limitaciones de colores, los juguetes, los deportes, etc., etc.

Recuerdo ir al baño para orinar sentado y fantaseando escondía mi miembro viril hacia atrás y al ajuntar mis muslos me daba la impresión de tener una vagina. Deseaba vestir de rosado, cargar carteritas, tener el cabello largo para lucir las diademas más brillantes, llamativas, y lacitos de colores; como los lucían mis hermanas, primas y mis amiguitas. Estás ideas iban y volvían a mi mente y a mi corazón deseando que algún día se materializaran.

Sin embargo la burla de mis compañeros de escuela y en el barrio, me atormentaba y me infundía un sentimiento de desorientación y terror hasta el punto de no creerme de este mundo. Por ende consideré por primera vez, el suicidio de una manera simple y despacio; como ingerir una combinación de químicos para la limpieza del hogar.

Sólo porque había oído, a los mayores contar historias de personas suicidas, que tomaban distintos tipos de jugos (veneno) para ir al cielo. Bueno, eso decían cuando me descubrían oyendo sus trágicos chismes. Pues estando yo solo en mi casa y sumergido en la angustia por causa de las burlas y la imposibilidad de no poder identificarme racionalmente, me preparé una taza de leche de baca y le vertí tres porciones de limpiadores líquido y un detergente para lavar ropa en polvo y me lo tomé, con desagrado, pues sabía amargo.

Me recosté en la cama de mis hermanas y elevé una oración a "Dios" diciendo algo así: "Papá Dios", no entiendo lo qué pasa conmigo, porqué me llaman "pato", porqué me dicen que mi lugar es con los niños, cuando en realidad deseo estar y jugar con las niñas. Seguramente Contigo estaré mejor, sin dudas, sin temores, sin confusión y jugando en el cielo con Tus ángeles. ¡No quiero vivir más aquí, llévame con Tus ángeles al cielo! Y caí dormido con la ilusión de despertar en el cielo, pero no fue así. Los ángeles no me llevaron al cielo, tampoco al infierno; aunque el resto de mi vida como adolescente fue en parte parecido a un infierno.

Antes de cumplir mis doce años ya había jugado al sexo con algunos niños de mi edad. En ocasiones algunos enfermos sexuales de mayor edad me intentaron violar pero yo siempre huía del terror que me infundían el tamaño de sus penes.

Además de jugar a los "bolines", a las escondidas, al toco el palo y veo a fulano, también jugábamos a las carreras y el último que llegara era "pato", y se tenía que poner en cuatro primero; lo que significaba disponerse a ser el primero en recibir a los demás por el trasero.

A pesar de que siempre éramos los mismos niños, ninguno de ellos se desarrolló como homo y ni siquiera bisexual. Sino que se integraron en la sociedad como heterosexuales, sin ninguna práctica o apariencia homosexual. Todos se casaron, tuvieron hijos e hijas, y algunos sucumbieron a las drogas y el crimen.

Adolescencia, La Ignorancia y la Religión
Capítulo 2

Entre los doce y los quince años experimenté sexo heterosexual y tuve varias novias, pero no me satisfizo. Continuaba teniendo sexo con chicos a las escondidas; sin embargo con ellos no había muestras de afecto o cariño, solo sexo y adiós. Lo cual me infundía un sentimiento de vacío y soledad. Por otro lado, a la temprana edad de 13 años tuve mi primer encuentro con una chica de, quizás, 23 años.

Quién me ofreció darme unas lecciones de sexo, para que tuviera que decir, cuando los chicos me burlaran y me llamaran "pato". Dé tal manera que yo pudiera defender mi machismo con lujos de detalles en cuanto al sexo y la vulva. Y desde entonces en adelante yo hablaba de mi proeza como un macho cabrío. Pero ésta experiencia no me causó felicidad, ni satisfacción y mucho menos placer.

Seguía con mi corazón vacío y mi alma en el limbo de la ignorancia. Entonces pensaba en "Dios" y se me ocurría buscarlo con la esperanza de que llenara el hueco en mi ser. Y por supuesto que acudí a la única fuente que había conocido de "Dios", la Iglesia Cristiana/Católica.

Y fue así que comencé a buscar un socorro para apaciguar mi angustia y soledad. Comencé a visitar, junto a mi abuela materna, una iglesia evangélica en la cual no existían imágenes de yeso, ni aburridos rezos o cánticos. Era muy dinámica y divertida. Me infundía mucha alegría y sentido de inclusión; hasta que el pastor comenzó a predicar sobre lo prohibido en las relaciones sexuales, y como "Dios" destruyó a dos ciudades por causa del sexo homosexual, (lo cual descubrí más tarde que era una mentira, entre tantas más).

Independientemente de esto yo seguí buscando pero en otra comunidad religiosa, a la cual mi hermana mayor me introdujo, "los Catacumbas". Esto era un grupo de jóvenes, que vestían y se comportaban como hippies, los cuales no tenían templos sino que celebraban sus cultos en los exteriores, en algún parque, debajo de puentes, y algunas veces en casas abandonadas.

En ambas sectas (así los identifican los católicos/cristianos) se manifestaba un gran sentimiento de esperanza, fe y afecto con impresión de amor y santidad; lo cual me gustaba más que el sexo y el romance pasajero.

Por otro lado estando en la iglesia evangélica/cristiana/católica de mi barrio estudié y me preparé para el bautismo simbólico que confirmaría mi cambio de pecador a un nuevo creyente en "Jesús" (no

Yeshúa). Y más adelante experimenté "la promesa de "Dios" sobre el bautismo de Su Santo Espíritu sobre toda carne, el que menciona la biblia en Joel 2:28. En donde dice: 28 Y después de esto derramaré mi Espíritu sobre toda carne, y profetizarán vuestros hijos y vuestras hijas; vuestros ancianos soñarán sueños, y vuestros jóvenes verán visiones. Joel 2:28

Yo, bailé como un cordero en la manada, hablé lenguas angelicales, y profeticé, lo que no conocía. ¡No porque era cristiano, santo o heterosexual sino porque, ÉL lo prometió!

En el grupo Catacumbas/cristiano/católico/hippie, se percibía una cierta libertad y alegría sin igual, algo así como tener el cielo en la tierra. Además de mí, también nos acompañaban dos de mis herman@s, lo cual lo hacía muy divertido. Existían unos veinte grupos de catacumbas por toda la isla. Sus cultos eran muy dinámicos y mucho más humanos que todos los demás. Sin embargo uno de los dirigentes, el más dinámico y carismático sucumbió a su vicio de heroína y murió. Otro, de los más inteligente y erudito de la biblia, termino cometiendo suicidio.

A ellos, tanto como a mí nos pareció haber conocido a "Dios", cuando apenas llegamos a conocer los sucesos de un dios sin nombre, algo así como la media verdad que le dijo satán a "Eva y Adán", en Génesis, dónde dice:

Entonces la serpiente dijo a la mujer: No moriréis;
5 sino que sabe Dios que el día que comáis de él, serán abiertos vuestros ojos, y seréis como Dios, sabiendo el bien y el mal.
Génesis 3

Exactamente, no murieron en el momento físicamente, pero sí espiritualmente. Era verdad, la serpiente sabia el modo en que morirían, pero se lo cayó. ¡Ósea, no le dijo que morirían más tarde! El diablo se reservó parte de la verdad, la más crítica, la muerte eterna. — Además, sabemos la diferencia entre el bien y el mal.— Ósea, es lo mismo que ha pasado con el catolicismo/cristiano, que torcieron la historia del Hijo de, YAH, y borraron su Santo Nombre de la biblia! Los judíos lo postergaron en la oscuridad y nunca lo han compartido; y los católicos/cristianos les dio las ganas de traducirlo y cambiarlo.

Ellos nunca me instruyeron en "El Sagrado Nombre", (Tetragrámaton) el que Su Santo Hijo había proclamado por cada rincón de Israel (lo cual incrementó la razón de su muerte, el divulgar Su Nombre Sagrado). Como dice la biblia en:

Juan 17
3. <u>Esta es la vida eterna, para que te conozcan a ti</u>, el único Dios verdadero, y al que enviaste, Yeshúa el Mesías.

6. **_Revelé tu NOMBRE_** *a las personas a las que me has dado fuera del mundo. Eran tuyos, y me los has dado. Han cumplido tu palabra.*

*11. Ya no estoy en el mundo, pero estos están en el mundo, y vengo a ti. Santo Padre, cuídalos **_a través de tu NOMBRE que me has dado_**, para que sean uno, igual que nosotros.*

*25. Padre justo, **_el mundo no te ha conocido, pero yo te conocí_**; y estos sabían que me enviaste.*

*26. **_Les di a conocer tu NOMBRE, y lo haré saber_**; para que el amor con el que me amaste esté en ellos, y yo en ellos".*

Y regresando a mis vivencias: durante mi adolescencia vagué por muchos senderos, entre ellos, viví en Pensilvania, en donde estudié una vocación y tuve una novia. Ella parecía muy bien educada y religiosa, solo nos besábamos sin sucumbir en él sexo. Esto me provocaba ser infiel para satisfacer mi apetito sexual. Por supuesto que le era infiel con chicas mal intencionadas.

Un día mientras visitaba a mi novia decidí llamar a mi madre, por teléfono público (Colet call), para presentarle a mi novia y lucir mi machismo, comencé a divagar mucho alrededor del tema, y ella confundió el propósito de mi llamada, pensando que yo me quería declarar homosexual. Y sin amor propio, fríamente me excomulgó de su corazón, de su amor y su religión. Ella conocía a una religión vacía de, YAH, solo conocía el cuento grecorromano, del hijo del dios Sol y de la "diosa Isis" (María).

Por primera vez experimenté el desasosiego, me sentí petrificado, anonadado y patidifuso, sin esperanza, sin aire, y sin ganas de vivir, cuando ella me despreció. Sin embargo, yo no la culpo a ella, culpo a su religión anatema. Simplemente me advirtió que si yo era homosexual no era bienvenido a pisar el suelo de su hogar. Me supongo que eso le dictaminó el mensaje o ejemplo que recibió de su diosa, María (no Miriam), mejor dicho "la diosa Isis".

Y con el corazón aturdido y endemoniado comencé a llorar adelante de mi novia, a quien le mentí diciéndole que mi madre no me acusó de ladrón. Y mientras ella me consolaba y limpiaba mis mejillas de las lágrimas de desasosiego; yo maquinaba, cómo cometer suicidio, por segunda y última vez.

Y entre las opciones que maquiné, opté por morirme de hambre; esto sucedió mientras vivía en el "Job Corps Center" en Pensilvania. Lo cual me mantuve haciendo por un mes. Esto causó que mi espíritu se rindiera ante el Espíritu de, YAH y me aferrara a la vida y sobrevivir para demostrarle a mi madre y a los demás, lo capaz que podría ser, y fui un buen hijo (homosexual). Después de varios años sucedió; estando con ella en los tiempos más oscuros y tétricos de su vida. ¡El maldito cáncer!

Por otro lado, mientras aún vivía en el "Job Corps", y apenas tenía dieciséis años, fui a visitar a mi padre en la ciudad de New York. Y queriendo tomarlo por sorpresa no le avisé que iba, y lo llamé por teléfono público, desde el Central Terminal en Manhattan.

Se enfureció por haberle llamado tarde y de sorpresa, además de la incomodidad que le causaríamos a su compañero de cuarto. No tuve más remedio que deambular toda la noche hasta la madrugada. Y mientras caminaba por el terminal, un hombre alto, con un acento europeo, se me arrimó y me invitó a su habitación, en un hotel cercano, a donde caminamos.

Él me dijo algo así: me fijé que andas solo por mucho rato y te noté exhausto; te gustaría descansar un rato antes de que amanezca? Ven conmigo y así te bañas y descansas en mi cama. Y por supuesto que se me ocurrió pensar que él quería algo en cambio. Mi ímpetu de joven me provocó a ignorar lo que mi madre siempre me aconsejó, "No confíes en los extraños" decía. ¡Confieso que pequé por no honrar a mi madre en sus sabios consejos!

Accedí y arrastré mi maleta hasta su hotel, entramos, cruzamos el lobby del hotel, subimos en el ascensor, nos bajamos, como en un quinto piso, y caminamos hasta llegar a su habitación. Una vez adentro, puse mi maleta a un lado de la entrada, él me dió una toalla y me pidió que me bañara. Cuando terminé y salí del baño, él ya estaba desnudo y cubierto en su cama y me invitó a acompañarlo. Me recosté a su lado y él comenzó a acariciarme de la cabeza a los pies y viceversa hasta detenerse en mi estómago.

Luego comenzó a frotar mi abdomen, como si lo apreciara, de la nada empezó a cosquillearme como si estuviera jugando conmigo, y de momento brinco sobre mi cuerpo y removiendo rápidamente la almohada debajo de mi cabeza, comenzó a presionarla sobre mi cara.

Y como la presión era muy violenta hasta el desasosiego, volteé mi rostro hacia la derecha, donde parecía haber un espacio vacío, inhalé aire, me repuse, agarré fuerza y me deslicé hacia la orilla de la cama, me incorporé y graciosamente le dije: (riéndome) que cómico, ja ja ja ja ja, me gustó mucho tu juego pero me tengo que ir porque mi padre dijo que lo llamara temprano. Y como ya son las... qué hora es, yo pregunté. El respondió; van a ser las 5 de la mañana... yo respondí; ¡oh dios mío, tengo que irme! ¡Oh que lástima, (mientras me vestía cerca de la puerta y con una sonrisa de mejilla a mejilla) me tengo que ir. ¡Lo siento!

Y aún con mi sonrisa, de mejilla a mejilla, salí huyendo pues me pareció que el desconocido tenía malas intenciones, posiblemente el extraño quiso asesinarme y esconder mi esbelto y delicado cuerpo en mí propia maleta y lanzarme en el Hudson River. ¡Solo, YAH sabe!

A pesar de haber salido ileso, una ves que llegue al apartamento de mi padre y su compañero de cuarto, mi coraje me instó a cobrarle a mi padre el haberme abandonado y exponerme al peligro, y por venganza le robé una cámara de treinta y cinco milímetro, antes de regresarme al centro vocacional.

El Principio de Todos los Males, El libertinaje y Las Drogas
Capítulo 3

Después de un año me transfirieron para el "Job Corps" de Springfield, Massachusetts en donde continué viviendo por un año hasta graduarme; habiendo obtenido el "GED", mi licencia de conducir, mil doscientos dólares en ahorros y mi vocación de "Clerk typist".

El haber logrado estos conocimientos me animó y me dió un sentido de seguridad para buscar trabajo. Pero no fue hasta que me fui a vivir en el estado de Queen, N.Y. y comencé a trabajar en distintos puestos, en fábricas, fast food restaurante, carwash, etc., etc. Rodé de trabajo en trabajo sin ninguna suerte, hasta perder el ánimo y terminar en toda clase de drogas y mala vida.

Lamentablemente no me fue nada de bien al incursionar en tantas distintas drogas cómo: la marihuana, la cocaína, heroína, ácido y el "crack". Éste último me causó mucho daño y me restó tiempo de compartir con familia y amigos, además de el desempleo y de llevar una dieta insalubre.

Fue un abandono total. Mi salud menguó, tanto como mi vida social y espiritual! Andaba en un estado de incertidumbre, inconsciencia, enajenación y servidumbre por causa del crack.

Mi vida orbitaba alrededor del crack y dependía de las drogas para lidiar con mi fracaso y las memorias de las vicisitudes vividas en tan solo veinte años de sobrevivencia.

Llegué a experimentar el odio, el rencor, la envidia, la lujuria, la lascivia, el racismo, la deslealtad, la mentira, la burla, el orgullo, la venganza, la violencia, la insolencia, la complicidad, el hurto, la trampa, el engaño, el suicidio, el homicidio (lo cual maquiné en mi mente), el sacrilegio, la maldición, el celo, en fin, fui una escoria social, una abominación.

Por estas razones y muchas más merecí haber muerto en un madero. Sin embargo experimenté un encuentro espiritual con, YAH cuando; después de una noche extensa de quemar o cocinar cocaína en piedra que fumé tarde en la noche, con mi ex cuñado quien la vendía y junto a mí la consumía, a escondidas de mi hermana.

En la mañana siguiente, estando yo solo y después de haber descansado lo suficiente me dirigí al baño para darme una ducha y mientras deslizaba la cortina y entraba un pies en la bañera, oí una voz tenue pero firme, clara y real que llamó mi nombre: Orlando, Orlando. Me asusté, me incorporé fuera de la bañera, abrí la ventanilla, me asomé por ella, miré hacia la escalera contra incendio, pero no vi a nadie, me envolví con la toalla, abrí la puerta que daba hacia el dormitorio de mi hermana y mi cuñado, toqué y llamé pero no me respondió ni el uno ni el otro, regresé al baño pensando que era una reacción ilusoria de la droga, y entré de completo a la bañera.

Y cuando estoy a punto de abrir la llave, me detiene la voz y me dice…. Orlando, YO SOY, quien te habla, El que te ha guardado y librado de muchos males…te digo que esa agua con la que te vas a bañar no te va a limpiar como YO te limpiaría.

Si vienes a mi arrepentido. mientras Su voz hablaba, yo intentaba cubrir todo mi cuerpo torciéndome y cayendo de rodillas al piso y llorando, contrito y humillado pedía perdón por mis abominaciones y como si estuviera bañándome en lágrimas hasta sentir una sensación purificadora que me libertó y me redimió instantáneamente del vicio del crack.

He incorporándome me bañé, me vestí y tomé la decisión de salir del cautiverio en que me encontraba por causa de la maldita droga que me enajenaba del deber, del amor por mí mismo, por mis familiares, mis amistades, de la sociedad y de "Dios".

Mi vida fue lo que yo creé de ella, por causa de mis impulsos rebeldes, mi egocentrismo, mi idolatría por el sexo y la figura masculina, (especialmente el miembro viril). Yo había obviado todo lo bueno, lo puro, lo correcto, el respeto por la vida, el respeto a mis padres, mi salud, el amor propio, el trabajo, la sociedad, y "Dios".

El sexo era sinónimo de amor, el compromiso era un antónimo del sexo, de la idolatría y de la pasión. Veía al amor y al compromiso como una amenaza a mi sobrevivencia y mi libertad para elegir y disponer de mi cuerpo como me pareciera.

Llegué a suprimir toda práctica de valor ético, de amor, de afecto, de bondad, de justicia, de piedad, de generosidad, etc., etc. y me sumergí en la creencia o modalidad de creerme; Primero Yo, segundo Yo, y tercero Yo. Aún asistiendo a la iglesia, me acostaba con algún hermano en "Cristo", de los tantos que usaban a la religión como un caparazón para camuflajear sus verdaderos sentimientos y pasiones.

Después de una noche de pasión, lujuria, y fornicación, seguido por un sentido de remordimiento y arrepentimiento lo cual ayudaba para dar cara en la iglesia y fingir una ves más.

Cada vez que escogía hacer mi propia voluntad, incrementaba la intensidad de mis pasiones y el riesgo de enfermar mi cuerpo, de silenciar mi conciencia y de subyugar a mi espíritu, (Lo único que podría mantenerme consciente y temeroso del Creador). Ésta actitud me llevo por senderos tan obscuros y degradantes, hasta el punto de irme a los parques y baños públicos para satisfacer el apetito sexual de mi piel.

Ninguno de los conocimientos que adquirí en la vocacional o en la iglesia de "Jesús" me afectaron positivamente para enderezarme, ni para respetar y resguardar mi vida. Apenas me comportaba como un ser humano racional; que trabajaba, pagaba sus deudas, comía, se bañaba, descansaba, (por necesidad) me vestía; en otras palabras vivía por instinto animal.

El fin de mis años de adolescencia fue un desperdicio total; lleno de drogas y sexo sin amor ni compromiso. Divagué entre las sombras de la realidad y la sociedad, pues apenas la luz de, YAH se asomaba en mi vida, como un rayo tenue y fino que se cuela por un orificio marcado por un clavo en una plancha de metal fina. ¡No lo conocía a, ÉL!

25 Padre justo, el mundo no te ha conocido, pero yo te he conocido, y estos han conocido que tú me enviaste.
Juan 17:25

¡Solo sabía de Sus hazañas! No sabía que podía amarme incondicionalmente, pero ahí está la base de mi fe, mi bajeza y mi comportamiento abominable. En conflicto entre sí; ¡mis pasiones carnales y mi profunda creencia en Yeshúa el Mesías! El poder de Su Nombre me concientiza y me fortalece para resistir el pecar.

¡Aunque mi carnalidad está dispuesta! ¡Quiero cumplir con Su Palabra!

Racismo, Envidia, y Ego
Capítulo 4

—No es que tú seas superior a mí, sino es que yo soy diferente a ti. Pero algo te provoca a subestimarme, y concluyes que yo soy inferior a ti, por alguna condición física, algún conocimiento, algún ideal cultural, tono de piel o preferencia sexual.—

—Tarde o temprano "DIFERENTE" asusta a la gente—

Y retrocediendo en el tiempo, recuerdo que en mis años de infancia, cada niño y niña tenía sus cualidades y diferencias físicas pero entre todo ello no considerábamos el tono de piel algo distintivo o malo. Y por supuesto que de algún modo u otro nos burlábamos uno del otro. Sin embargo nunca recuerdo haber llamado a otro niño o niña o que me hayan llamado, en forma de burla, blanco, amarillo o negro.

Si la maldad de tratar a alguien por color despectivamente existía en la mente de los mayores, nunca estuve consciente ni al tanto de ello. Mucho menos en mi casa. Entre paréntesis, tanto a mi madre como a mi padre les atraían las personas de piel oscura.

Por cierto, antes de casarse con mi padre, ya mi madre había amado a un chico de piel oscura. Sus padres si eran racistas, (a pesar de que mi abuelo era taíno de piel oscura) precisamente por ello, la separaron y la enviaron a otro pueblo lejano, en donde conoció a mi padre. A mi padre también le gustaban las mujeres de piel oscura como lo era mi madre, una taína. Esto lo descubrí más tarde en la vida.

Y como les contaba que nuestras burlas eran basadas en comparaciones a semejanzas de lo que veíamos en la televisión, en el zoológico o en los libros de la escuela. Por ejemplo: yo era muy delgado y mi cabeza era exuberante, me burlaban llamándome astilla o marciano. A otro que tenía un ojo dañado por su hermano, le llamábamos, el tuerto, a otro que cruzaba sus ojos, le llamábamos, el león visco o renacuajo, a otro le llamábamos, el gigante de Carolina, por ser más alto que los demás, a otro le llamábamos mono, por tener su piel oscura como la de un mono, pero nunca le llamamos negro, despectivamente etc., etc. Pero nunca nos burlábamos por unos ser más claros o oscuros que otros.

Por otro lado, recuerdo, al mudarme a Worcester, Mass, haberme contagiado con el virus del racismo junto a mis primos. Ellos, que habían vivido toda su vida en la ciudad de New York, en donde tenían que luchar contra tanto racismo y desventajas sociales, en esta ciudad que lleva por sobrenombre, "la jungla". Entiendo que no fue fácil para ellos ya que la norma de la gran urbe era representar a la raza, marcar territorio y todos vivían para ello, para demostrar su resistencia, su capacidad de sobrevivencia y su superioridad racial.

Estoy seguro que sus intenciones fueron buenas y con idea de alertarme y moldearme a su manera de sobrevivencia. Entre una lección y otra me indicaron qué hacer si un "blanco", un "negro", un "chino", o cualquier otro, que no fuera puertorriqueño, caminara en mi lado de la acera, debería cruzarme a la acera contraria. Pues cualquiera de éstos podría ser una amenaza a mi bienestar.

Y así comenzó mi resentimiento contra todos los demás a mi alrededor. Cada uno de ellos tenía su propia maldad y odio hacia los puertorriqueños. Y así fui, poco a poco sucumbiendo a la maldad, y el odio en el nuevo mundo del racismo. Por largo tiempo estuve dándole fuerza a la idea de creerme mejor que todos los demás, la que se respiraba en cada esquina de la sociedad que me rodeaba.

Vivi bajo estos términos que la sociedad me impuso desde mis 12 años de mi adolescencia hasta mis catorce años de edad. Recuerdo que en mi viaje desde Worcester, Massachusetts, hasta Keystone, Penn., yendo de camino para mi nuevo hogar vocacional, en un autobús Greyhounds, me senté al lado de una chica, de aproximadamente veinte años de edad, de ascendencia israelitajudía.

Nos saludamos cordialmente y comenzamos a charlar de distintos temas hasta tocar el tema de las diferencias sociales y físicas de los demás, en especial sobre el tono de piel y sus defectos, nada bueno. Yo me llenaba la boca expresando mi disgusto respecto a los afroamericanos y los caucásicos. Mis comentarios eran despectivos y humillante.

Ella tranquila y serenamente me interrumpió para aconsejarme, diciéndome; creo que estás cometiendo un error...., porqué, pregunté, ella me contestó dándome un ejemplo de lo crítico y aburrido que seríamos los seres humanos si todos luciéramos y actuáramos exactamente igual.

Esto me dejó perplejo y atónito, hasta entender su punto de vista y la lógica del ejemplo que me presentó. Inclusive me contó que ella fue víctima de la burla y el racismo que existía en las escuelas públicas de Brooklyn, NY. Cómo así......, le pregunté; sí, te cuento que las chicas negras y las New York Rican me jalaban mi cabello largo y lacio y hasta me lo llegaron a cortar una vez. Los chicos no me enamoraban sino que me escupían. Era una vida de maltrato, verbales, físicos, odio y racismo.

Más tarde en la vida descubrió el porqué del abuso, me dijo; los padres de estas personas les contaban cómo los judíos habían matado a su dios en una cruz, y que eran gente detestables y anticristianos.

No existe razón ninguna para un padre, madre u otro familiar de instalar cualquier sentimiento despectivo, denigrante o de desigualdad a un niño o niña, ni siquiera una idea religiosa. Sin embargo, para la maldad del alma no existe la razón, la lógica, la justicia; ya que en sus corazones reina la ignorancia, la envidia y el egoísmo.

El motor que mueve al racismo es la envidia. Ósea que algo de mí que te gustaría tener a ti pero no te es posible adquirirlo naturalmente, te provoca envidia y por ende el odio irracional.

Ésta chica no me introdujo a su "Dios", ni a su religión, sólo me concientizó sobre el fenómeno y la ventaja de la diversidad en el ser humano. No recuerdo su nombre, sólo su lección sobre el valor de cada ser humano en base a las diferencias y cualidades de la obra maestra del Creador.

—La Envidia Mata—

Las Injusticias de Los Cristianos Contra mi Persona
Capítulo 5

Recuerdo las innumerables veces en que me sentí, mejor dicho me hicieron sentir como una amenaza para la sociedad, un cero a la izquierda, una inmundicia, un trapo sucio, un endemoniado, una escoria social, o un condenado a muerte sin posibilidad de redención.

Una vez, entre tantas, el pastor y predicador de una iglesia en Worcester, Massachusetts , a donde yo asistía con mi abuela materna, mencionaba la destrucción de dos antiguas ciudades en Jordania. Sodoma y Gomorra….

 Pero antes que se acostasen, rodearon la casa los hombres de la ciudad, los varones de Sodoma, todo el pueblo junto, desde el más joven hasta el más viejo. 5 Y llamaron a Lot, y le dijeron: ¿Dónde están los varones que vinieron a ti esta noche? Sácalos, para que los conozcamos. 6 Entonces Lot salió a ellos a la puerta, y cerró la puerta tras sí, 7 y dijo: Os ruego, hermanos míos, que no hagáis tal maldad. 8 He aquí ahora yo tengo dos hijas que no han conocido varón; os las sacaré fuera, y haced de ellas como bien os pareciere; solamente que a estos varones no hagáis nada, pues que vinieron a

la sombra de mi tejado. 9 Y ellos respondieron: Quita allá; y añadieron: Vino este extraño para habitar entre nosotros, ¿y habrá de erigirse en juez? Ahora te haremos más mal que a ellos. Y hacían gran violencia al varón, a Lot, y se acercaron para romper la puerta.
Génesis 19

En estas ciudades se practicaba un modo de vida social en que la modalidad de convivir era sin leyes que consideraran mantener un orden en ninguna actividad familiar ni gubernamental. Eran, de acuerdo a la biblia, ciudadanos sin escrúpulos, sin amor, sin respeto, sin justicia, sin conciencia, sin honra, sin vergüenza, sin cultura, sin valores, inhospitalarios y sin "Dios".

Eran una abominación sin perdón alguno; mentirosos, bandidos, tramposos, violadores de los derechos humanos (por lógica), impulsados por la lujuria, la lascivia, irreverentes, insensatos, injustos con sus compueblanos, en fin abominables.

Vivían practicando orgías en masas, padres con sus hijos e hijas, hermanos con sus hermanas, tíos y tías, primos con primas, gemelos con gemelos, todos con todos etc., etc. eran un fiascos. Eran idólatras del sexo.
— Lamentablemente las mujeres y las niñas no contaban para nada, pero ellas estaban presente, incluidas indirectamente en el término "hombres"—.

Estas personas eran tan malos e injustos como Caín, el rey Nabucodonosor, el emperador Caligula, el emperador Nerón, el emperador Constantino, la iglesia Católica, el papa Rodrigo Borgia, Los Borgias, Atila el Huno, la reina Isabela, Elizabeth Bathory, Pol Pot, Iván el Terrible, Tomás de Torquemada, Los Crusados, Genghis Khan, Martín Lutero, Adolf Eichmann, Adolf Hitler, Donald Trump, etc., etc.,

Sin embargo, el pastor, que les mencioné al principio de esta anécdota y los demás cristianos/católicos, presentan a los moradores de estas ciudades como homosexuales. Seguramente que habían homosexuales y lesbianas entre ellos, pero no los menciona ni siquiera indirectamente.
—Nada más lejos de la verdad—.

Los hombres....todo el pueblo junto....desde el más joven hasta el más viejo.

Irónicamente, este mismo pastor, años más tarde, quien tenía una familia compuesta de 2 hijos varones, y una hermosa, humilde y sumisa esposa, cedió a sus impulsos de macho cabrío y le fue infiel a su esposa con una de sus feligreses, quien era prima mía. Y la reacción de la esposa fue parecida a la del pastor, quizás por venganza, sucumbió, también a la lujuria de la carne y la pasión, teniendo relaciones con el presidente de la asociación de los jóvenes de su iglesia. ¡Amén!

7 Por cuanto los designios de la carne son enemistad contra Dios; porque no se sujetan a la ley de Dios, ni tampoco pueden; 8 y los que viven según la carne no pueden agradar a Dios.
Romanos 8:7-8

Analizando justamente las maldades de los hechos y considerando que este pastor había adquirido conocimiento sobre la biblia y la historia de los personajes de la misma, pero no de los Sagrados Nombres de YAH; y sin ninguna intención de justificarlos, llego a la conclusión de que ellos como todos los que he mencionado en los relatos de mi ensayos, (yo incluido) no fueron totalmente culpables.

Me atrevo a afirmar esto por muchas razones, las cuales te explicaré durante los siguientes capítulos. Acabo de mencionar dos de ellas, los "designios de la carne" y el que los judíos hayan OCULTADO SU SAGRADO NOMBRE; hasta que YESHÚA lo diera a conocer a toda la humanidad. Solo que esta vez fue OCULTADO por los católicos/cristianos y los cristianos/católicos. Quienes sabiendo la regla gramatical que prohíbe traducir los nombres propios (aunque sí se pueden transliterar) a otro idioma, fueron impulsados por la inspiración e intención del rival de, YAH y del ser humano, Lucifer.

Como regla general, los nombres propios no se traducen.
Esto parece lógico con los nombres propios de personas, ya que al fin y al cabo el nombre de una persona no varía independientemente del idioma que utilice.

Acantho I&C
1. **Definición**: La **traducción** es el proceso de convertir texto de un idioma a otro, manteniendo el significado, el estilo y el tono del texto original. La **transliteración** es el proceso de convertir texto de un sistema de escritura a otro, sin cambiar el significado, pero reproduciendo la pronunciación y los sonidos lo más cerca posible.
2. **Propósito**: El objetivo de la traducción es hacer que el contenido sea comprensible para personas que hablan otro idioma, preservando el significado y el contexto del texto original. El objetivo de la transliteración es representar los sonidos de las palabras de un idioma en el alfabeto de otro idioma, facilitando la pronunciación pero no necesariamente la comprensión del significado.

10/06/2024 por Cristina Mella

—¡MÁS CLARO NO CANTA UN GALLO!—
¿En serio, aún dudas?

De este modo la serpiente repite su audaz engaño, cuando le dijo a nuestra matriarca la verdad incompleta, No moriréis; y no murieron en el momento físicamente, aunque sí espiritualmente. Igualmente la serpiente engaño a la humanidad provocando que SU NOMBRE fuera traducido (lo cual es parecido pero no es lo mismo) en vez de ser transliterado. Lo cual parece algo inofensivo, hasta parece correcto y beneficioso para todos. Y aún los que conocen Los Nombres Sagrados son capaces de excusarlo como si la verdad sobre Los Nombres Sagrados fuera algo insignificante, sin valor, falto de sustancia; esto es usar (ignorarlo) Su Santo Nombre en vano.

vano, na
Definición
Del lat. *vanus.*
adj. Falto de realidad, sustancia o entidad.

Por lo cual Dios le exaltó y le otorgó el Nombre, que está sobre todo nombre.
10 **Para que al nombre de Yeshúa**=toda rodilla se doble=en los cielos, en la tierra y en los abismos, Filipenses 2:9-10

¡Apreciado y querido lector no sigamos perpetuando el engaño más fructífero de Lucifer, pasar por alto el Nombre! Ellos, los que nos marginan y nos impiden la entrada al cielo, en el falso nombre de Jesús; quienes por aproximadamente dos mil años han estado exterminando a hombres de distintas nacionalidades, (humanos como ellos, herman@s descendientes de Adán y Eva), en el "nombre de Jesús". ¡Todavía podrían repetir sus injusticias y perseguirnos hasta masacrarnos, en el nombre e de Jesús! Ésta fue y seguirá siendo, para ellos la manera más eficaz para destruir las esperanzas, las ilusiones, la fe, la bondad, y el amor de nosotr@s.

Ingenio perfecto de Lucifer. Artífice de la mentira y la injusticia. «¡Cómo caíste del cielo, oh Lucero, hijo de la mañana!
Isaías (14:12-15)
¿Y porqué conocer el nombre de Lucifer (Satanás, el diablo) suele ser importante para todos?

ingenio
   1. m. Industria, maña y artificio de alguien para conseguir lo que desea.

— Entre una verdad no probada y una mentira a veces no hay gran distancia. Pese a esto, a muchas personas no les interesa. De hecho, **están dispuestas a creer , incluso en contra de toda evidencia. Esto sucede porque a veces la mentira conforta, mientras que la verdad inquieta.**—
Escrito por Edith Sánchez

Pues bien, Dios pasó por alto aquellos tiempos de tal ignorancia, pero ahora manda a todos, en todas partes, que se arrepientan.
Hechos 17:30

Ilusión, Engaño, Sexo
Capítulo 6

A la tierna edad de 13 años, y entrando en la pubertad, cuando me parecía que todo era color de rosa, además de creerme un macho cabrío, conocí a un ser, que tenía aproximadamente 30 años de edad. En realidad era un vecino y amigo de la familia, pero yo solo sabía que tenía un atractivo sexual que me llamaba la atención, además de su popularidad en toda la comunidad. Era un genio, intelectual, un dirigente, actor y maestro, autor de muchos cuentos y en fin un pilar de la comunidad. Además de todas sus cualidades era cristiano y me llegó a confesar que tenía encuentros lujuriosos en el baño de la iglesia (cristiana/católica) a la que asistía.

Yo lo observaba constantemente hasta ver cómo los chicos más guapos del barrio y de otros barrios se llegaban a su casa y algunos se escondían al entrar o al salir de la misma. Mientras que todos (los que no tenían pelos en la lengua) comentaban que él practicaba actos lujuriosos con ellos; yo soñaba en estar con él para hacer lo mismo que ellos. Ya que los chicos de mi edad solo me penetraban y seguían de largo. Andaba ilusionado con la idea de que no solo me haría "el amor" sino que también me amaría. Me imaginaba montado en su motora (como otros) sujetado de su cintura y recostado de sus espaldas, de aventura en aventura por toda la isla del encanto.

Soñé y esperé hasta que se cumplió mi sueño, un día de verano soleado y perfecto para una aventura con el macho más popular de todo el pueblo de Vega Baja. Cuando pasaba despacio por el frente de su casa, en donde vivía con su madre quien sufría de demencia, anhelando que me detuviera y se me insinuara, lo que ocurrió en ese día. Me invitó a la playa prometiéndome que me llevaría a una playa escondida lejos del bullicio y la gente. Y por supuesto que yo cedí con mucho gusto. Le dije que enseguida me cambiaría y me pondría un traje de baño.....a lo que él respondió.... no, no te preocupes, vete así, nos bañamos desnudos, nadie nos verá, será muy divertido. Todo esto me parecía espectacular y sensual hasta el punto de imaginarme una vida entera a su lado.

Arrancamos en su motocicleta de rumbo a una aventura que nunca había experimentado antes con ningún chico de mi edad. Todo me parecía bonito de camino para la playa oculta, la cual alcanzaríamos cruzando por un ganado de vacas; nos bajamos de la moto y él la escondió detrás de unos arbustos. Le pregunté... cuán lejos está...solo hay que caminar por 5 ó 7 minutos pero valdrá la pena, ya sabrás porque te lo digo...el me respondió. Y entre pastizales, de morivivir, de icacos, de pringamosas, un terreno rocoso y por último una pared natural de inmensas rocas color negras y grisácea, que parecían de hierro martillado, y tan altas que interrumpían el paisaje del mar y el cielo tras ellas.

Comenzamos a escalar, él dirigiendo el camino, las rocas hasta llegar a unas inmensas grietas que dividían las mismas y mostraban un poco de cielo azul brillante y repentinamente ví el horizonte en el cual se fundían el azul brillante del cielo y el azul marino del océano Atlántico. Me detuve, respiré profundamente al ver la arena color crema pálido, lo cual me dio la impresión de haber encontrado el paraíso. Él me extendió su mano derecha para que bajara de las rocas hacía un espacio de quizás 624 pies cuadrados de arena virgen y sedosa además de la muralla de rocas al rededor que parecía guardar celosamente ese pedacito de playa! ¡Lo que le daba la apariencia de ser una isla privada!

Nos acomodamos sobre su sábana de playa, (en realidad era una de sus sábanas viejas) después de haberme quitado mi camisa y pantalones de mahón azules y desafilados, manteniendo mis calzoncillos para disimular y mostrar un poco de vergüenza. Él también disimulaba y aparentaba broncearse con su biquini color verde esmeralda, el cual le asentaba muy bien con su piel morena de indio taíno. Él era algo así como un adonis, alto y esbelto, labios finos y cabello negro azabache.

Y aún recostados sobre la sábana el me tocó suavemente como todo un don Juan, con su mano izquierda y su dedo meñique cortado, lo cual me incomodó pero opté por disimularlo.

Se voltio hacia mi y comenzó a acariciar mis labios, con su mano derecha, y preguntándome que si alguien los había besado alguna vez, y me pidió permiso para besarlos. Yo le respondí,....si quieres puedes hacerlo.... sólo que yo no sé besar...pero me puedes enseñar cómo hacerlo...le dije. Y de un beso pasamos a las acaricias, de ambas partes, hasta llegar a lo prohibido; sí, un acto prohibido, además de humillante, por muchas razones comenzando con la diferencia de edades, [a pesar de que la costumbre del medio oriente permite el matrimonio de un varón mayor con una niña de 12 en adelante, mientras que la ley de Puerto Rico lo prohíbe con pena de cárcel, eso es entre heterosexuales , lo cual yo ignoraba. Además de ser para la sociedad un acto depravador y de perversión. Por otra parte mientras yo fantaseaba y me ilusionaba con un futuro a su lado, él solo estaba aprovechándose de mi inocencia e ignorancia. Y por supuesto él fue capaz de usarme pero nunca se le ocurrió que yo tenía un corazón y mucho menos dignidad.

Lamentablemente me até a su carne y pasión, dos o tres veces más, degradando así mi dignidad voluntariamente; siendo irreverente a mí mismo, a mi madre y a lo que yo medio sabía de "Dios". O meramente el "conocimiento del bien y del mal".
Génesis 3

Este ser humano apenas había oído la historia de un varón de "nombre grecorromano" con apariencia de un dios de la mitología griega, de piel clara, ojos claros, cabello rubio y rizado, nada que ver con la imagen de un mesonero o carpintero hebreo con piel bronceada y teñida por el sol de Galilea. El cuento era muy ambiguo, no solo para él (el ser humano que me engañó y me usó), que era un sabio en su propia opinión, pero también para Nerón, para Pilato, para Constantino, para Hitler y para Donald Trump.

Alguno de ellos lo llegaron a ver como un caudillo revolucionario y lo sentenciaron a muerte a petición de las masas de seguidores de los fariseos, los escribas y los saduceos. Los otros tomaron su ideología de mansedumbre y sumisión como una herramienta del poder imperial y una excusa para controlar y subyugar a los pobres y hasta matar a todo el que se opusiera a la religión mundial en "el nombre de Jesús".

Aquel ser humano no era, ni el mismo se identificaba como, homosexual y mucho menos como cristiano. Y a pesar de haberse criado entre los católicos/cristianos se definía asimismo como un ateo; mi opinión es que él era un enfermó sexual. Hasta el extremo de marcar en su calendario, día a día, las veces en que tenia sexo; su meta era llevar a su cama un chico por día. Precisamente por haber andado en la vanidad de su mente, desestimaba así la inocencia de un adolescente y la existencia de "Dios".

En otras palabras, todos estos seres humanos que he mencionado hasta aquí tuvieron o tienen algo en común, No conocieron o No conocen al Verdadero Dios, Su Santo Hijo y mucho menos Su Glorioso e Imponente Nombre; oyeron un cuento ilusorio de un varón llamado, Jesús y de su madre la diosa María (Isis).

Él dijo que amaba a "Dios"
Capítulo 7

El apareció de la nada, con una apariencia de varón de "Dios", casi como un ángel enviado para apoyar al pastor, sí, él mismo pastor que sucumbió ante la belleza de mi prima. Eran el tal para el cual; elocuentes, aparentemente conocedores de la verdad, carismáticos, elegantes al vestir, grandes oradores, honrados, admirables y adorados, por mi abuela y otros más feligreses. Él, de primera intención demostró mucho interés en mi, su trato hacia mi persona de niño inocente pero extrovertido, era evidente. Por un instante pensé que solo quería ser mi amigo, un adulto de, quizás 25 años de edad.

Yo, apenas 12 añitos, comenzando a crecer el bigote y los cabellos púbicos. Confiado totalmente en los angelitos del "Dios" que adoraba mi abuela y predicaba su pastor. En muy poco tiempo ya yo era parte de la sociedad de jóvenes intermedio. Leía la biblia delante de la congregación de santos, y cantaba en coro junto a los demás jóvenes en la noche de los jóvenes. El me observaba con complacencia y agrado, yo suponía que era algo de amigos, como cuando uno celebra por los logros de su amigo.

En la hora del compartir en la cafetería de la iglesia, después de cada escuela dominical, y mientras mi abuela felicitaba al pastor por su sermón, y los demás santos, él se me acercaba para saludarme y como en forma de juego, me decía…. yo amo a "Dios", ¿y tú, amas a "Dios"? En uno de esos encuentros, después de la clase dominical, me invitó hacia su habitación, que estaba en el tejado de la iglesia, con el permiso de mi ingenua abuela.

Sí, tampoco mi abuela conocía a "Dios", aunque conocía a "Jehová" y a "Jesús" no había suficiente luz en su interior, por ende no veía. La luz del grecorromano no alumbra con la intensidad de la Gloria del Nazareno, Yeshúa el Mesías. Todo lo que construyeron, en el Concilio de Nicea, fue fundado y dirigido por el corazón entenebrecido de el emperador Constantino. Él fue el que introdujo una cruz y eliminó el símbolo de los discípulos, el pez. El pez, que simbolizaba el milagro de los peces y el poder providencial del Padre, mediante Su Hijo, Yeshúa.

Volviendo al asunto en manos; subimos dos pisos hasta llegar a su habitación, que era parte de un complejo de estudios en el edificio de la iglesia. Recuerdo que era pequeño y el techo era desformado, sobre salía con una forma diagonal y desproporcionada. Me invitó a sentar, y le pregunté en dónde, ya que solo tenía una cama, una neverita, una mesita con una estufa eléctrica de una hornilla, un armario, y un televisor Panasonic pequeño, color anaranjado; él me respondió….. bueno la cama está limpia y cómoda, pero si quieres yo te pongo una

sábana en el piso para que te recueste,.... Ok.....
contesté.

Después de ubicar la sábana en el suelo, fue a la nevera extrajo un jarro de jugo de china tang,...lo siento pero no tengo soda, quieres.... me preguntó, y me lo sirvió en un vaso de plástico con diseño de Godzilla, al dármelo me lo derramó sobre el pantalón y me dijo que no me preocupara que él lo lavaría rápido, si me lo quitaba y se lo daba. Y sin pensarlo me lo quité y se lo di, al verme el calzoncillo mojado, enseguida me dijo.... mira te mojé el jockey.... y me tocó mis genitales, lo que causó una erección instantánea. Y me dijo que sabía como se baja, y le pregunté cómo...si yo tengo muchas maneras para, bajarlo.... me contestó. ¿En verdad? Dale...le dije....y la maldad triunfó sobre la ignorancia y la pubertad.

Y habiendo concebido su maldad sobre mi adolescencia primitiva me pidió que me pusiera mis jockey, y el pantalón ya secos y me pidió que lo acompañara en oración. Comenzó orando algo así: padre nuestro que estás en los cielos, te pedimos que si te emos ofendido nos perdones, "en el nombre de Jesús".....y nos permitas gozar de el servicio de esta tarde y que este sea tan bonito como el dominical de esta mañana.....que cuando nos encontremos con los hermanos, podamos hablar con ellos de todas las cosas lindas y buenas que tú nos has dado....perdona a ellos todos los pecados que cometieron hoy..... te quiero dar muchas gracias por haberme dado este nuevo amigo que está a mi lado y quien como un amigo puede guardar para siempre nuestros secretos de amigos.

Terminó su oración con la siguientes palabras.... ¡Te amo, "Dios"! Por supuesto que yo conteste, amén, pues me alegró su modo de orar, y desde entonces en adelante comencé a repetir la misma oración, cada ves que volvía a él. Sin conciencia, sin afecto, sin compromiso, y por ende sin AMOR.

—¡Pasiones vacías, huecas, engañosas y efímeras!—

5 no hace nada indebido, no busca lo suyo, no se irrita, no guarda rencor;
Corintios 13:4-7

Amor, Cariño o Burlería
Capítulo 8

"El amor es loco y desesperao", eso dice una canción popular que todos cantan y declaran con mucho entusiasmo y alegría. Así viví yo por una temporada de mi vida, al ritmo de las canciones en moda. Si la canción contaba sobre un romance efímero, esas eran mis intenciones; por ejemplo, vivir "un amor de verano". Éstos temas me infundían el anhelo de buscar o hacer algo para la ocasión que determinaba la letra; en este caso, buscar un macho para ese verano.

Lo cual me provocaba la insaciable búsqueda por un macho cabrío, lo cual me motivaba a ser ambicioso y probarlos todos a mi paso. La mayoría de los intentos resultaban en "una noche loca, una noche de copas" y de "palo en palo, como el mono", nada serio, solo sexo. Esto implicaba el "acostarme con los ángeles caídos".

Y después de unos intentos fallidos y de revolcarme con varios machos, apareció él, José, tan lindo, esbelto, musculoso, alto, de piel jincha, sedosa, de cabello estilo afro con rizos castaños y sueltos, de nariz holgada pero fina. El era un bailarín de profesión, de aproximadamente 18 años de edad, y yo de 14. Era integrante del equipo de bailarines de la vedette Lourdes Chacón. Cómo bailarín tenía muchos beneficios y opciones para divertirse y escoger con quien estar y a quien amar, y me escogió a mi. Gracias a una de mis tantas amigas lesbianas, que siempre andaban buscándome un buen prospecto; por fin conocí a quien sería mi "amor de verano".

José, además sería mi primer novio gay, ya que los anteriores eran bisexuales, en quien yo deposite toda mi burlería la cual debería de durar un verano. José, era casi perfecto, solo que sufría de mal aliento, pero tenía un cuerpo musculoso y firme, por causa de sus ejercicios de baile, incluyendo sus glúteos y órgano masculino. Me enamoré de todo su cuerpo y su personalidad, que comparada con el macho/enfermo sexual quien me engañó al llevarme a la playa escondida y después de usarme como un objeto sexual nunca me amo. José, era delicado y bien intencionado.

Ciertamente me sentí deseado, apreciado y amado, pero no explotado sexualmente. Pasábamos horas compenetrados y sumergidos en afectos y caricias. Nunca llegamos a tener coito, por causa de el tamaño exorbitante de su pene. Muy parecido a mi primer "novio" bisexual, quien tampoco me pudo introducir su miembro hasta que cumplí mis quinces.

Volviendo a mi primer amor homosexual y veraniego, a quien yo tome por menos y por mentiroso; cuando un amigo de mis hermanas, gay, me contó que lo vió en una discoteca de San Juan, bailando muy cerca con otro macho. Esto nubló mi razonamiento y desmoronó mi burlería. Tanto así que cuando lo confronte con su acto de infidelidad no le dejé explicar más de lo que me juraba que eran, amigos y nada más. Mi falta de experiencia en el amor y del ambiente gay me cegó y me tronchó las alas.

Actualmente lo excuso, al fijarme que he bailado, muy pegadito con mis amig@s, cientos de veces sin sentir atracción por ell@s. Inclusive, me he arrepentido por ello innumerables veces y hasta añoré sus caricias, su afecto, su cariño y el que no me forzara al sexo.

Por otro lado mi primera experiencia con un novio bisexual, porque los demás eran "bugarrones", fue muy parecida a la que compartí con José. Llena de caricias, afecto y atención, pero a las escondidas, en completo secreto. Eran muy parecidos en su figura corporal, incluyendo el tamaño de su pene. Tanto es así que esperó hasta que yo estuviera listo para recibirlo en mi interior. Dos veranos después de haber dejado a José.

Recuerdo que solo nos acariciábamos y nos besábamos apasionadamente e inclusive él me enseñó a besar. Ya contaba con mis 15 años recién cumplidos, y él tenía sus 18 años de edad. Era pelotero, de silueta levemente musculosa, de piel obscura, como el petróleo, labios carnosos y su nariz exorbitante. A esa edad, él ya tomaba licor y fumaba cigarrillos, lo cual me excitaba locamente, me fascinaba el sabor del cigarrillo, mezclado con el sabor del licor en su boca, además de sus ropas empapadas de perfume, mezclado con el olor de cigarrillo.

La primera vez fue inolvidable, por muchas razones; después de haber vivido en la vocacional de Keystone, Pensilvania, me enviaron de vacaciones a mi lugar de residencia, para lo cual registré con anticipación mi dirección en PR. Él hizo de mis vacaciones de verano un regalo de emociones soñadas y pasión desenfrenada.

Al el enterarse de mi regreso fue, sin vergüenza alguna, a visitarme. Al llamarme me hizo estremecer de la cabeza a los pies, me sacudí de la emoción y el nerviosismo hasta abrirle la puerta; mi madre y mi hermana no se encontraban en la casa. Le pedí que entrara rápidamente para que nadie lo viera; nos abrazamos como dos amigos, pero al rozar su cuerpo, oler su aroma mezclado con olor del cigarrillo recordé la última vez que estuve en sus brazos, le pedí que me besara y comenzó la aventura.

A pesar de mi agitación él se mantenía en control, muy pausado, mientras que yo me desvivía porque entrara en mi interior lleno de euforia. Me sentía entre sus brazos como una muñeca de trapo. Él me tenía bajo un estado de hipnotismo y éxtasis, entre mi alma y mi carne. Lo que sucedió ese día, en mi cama litera, en mi cuerpo, en mi interior, en mi alma, marcó y forjó mi futuro. Toda esta experiencia me elevó a un grado de exigencia tal que no me satisfaría con nada menos que lo que él me dió.

Aunque todo fue basado en la pasión desenfrenada de la carne y el alma, con nada de amor, afecto, ni compromiso, esto creó en mí la determinación de buscar a otro macho con las mismas cualidades que José y Junior tenían. Altos, mayores que yo, cuerpos robustos, y penes descomunales. Sí, esta sería mi nueva norma, ni siquiera el amor sería prioridad. Éste macho, Junior, descompuso todas mis expectativas del amor, me provocó a interesarme más en el placer sexual y si acaso un romance fugaz. ¡Nada más!

En otros tiempos y mientras sonaba en la radio la canción de Edi Santiago, En "Aquel Viejo Motel"; desde aquí en adelante mis intenciones se dirigirían hacia "una noche de motel", y no hacia un "amor de verano". Lo cual constituía un patrón de búsqueda y de relaciones sexuales fugaces y frías. Los buscaba en las discotecas del área metro, Bocacho, Crash, Villa Caimito, en las fiestas patronales, en los parques de pelotas de grandes ligas, en los ríos, en las esquinas, y por supuesto en los festivales playeros.

Siempre existió una red de enfermos sexuales con un banco de información sobre quiénes eran los mejores bugarrones y su disponibilidad, y tamaño, bien organizado, era algo como un bajo mundo de prostitución en tinieblas y dispuestos para cualquier maroma; siempre y cuando hubiese licor, drogas, carreras de carros, caballos y dinero!

Por supuesto, dinero para comprar licor y drogas, no para pagar por los servicios, sino para estimular los sentidos y funcionar con amplitud. Y en donde mejor que un motel, como El Molino Rojo, o el Molino Azul, etc., etc. Éstos dos eran los más famosos en mi pueblo, por eso andaba ocultándome cada vez que me llevaban "como una puerca roba", ya que cualquier vecino heterosexual, podría descubrir a los bisexuales, con novias o casados, quienes intentaban encubrir su apetito e interés por los homosexuales.

Toda esta dinámica fue muy profunda y excitante mientras me mantuviera ofuscado y embelesado. Mientras no fuera capas de volver a creer en el amor y el compromiso, viviría en las tinieblas del placer de la carne y la dirección de los ángeles caídos. Seguiría viviendo en el estado de vileza, en el que se manifestaban todos los machos cabrios que frecuentaban el círculo social, mejor dicho, carnal e insustancial.

Ésta calaña de vida es una esclavitud para el alma, enajenando la conciencia de toda dádiva moral y dignidad. Creo que a pesar de haber adquirido experiencia de los actos ilícitos, huecos, maquiavélicos del bajo mundo de los moteles, entre amantes y bugarrones, licor y drogas, todo el mal que ensayé me causó angustia en mi alma, y volví a buscar refugio en una hermosa y carismática iglesia cristiana/católica.

El Testimonio, Mi Bella Genio, Y Los Discípulos
Capítulo 9

Ésta iglesia era dirigida por una mujer de hermoso semblante y súper carismática al igual que su esposo, con una hermosa hermana que parecía a "Mi Bella Genio". Esta actitud carismática era una norma en la iglesia, tanto así que todos parecían emanar cariño, afecto, respeto y confraternidad, como si todos fueran clones de la dirigente (pastora).

Fue muy placentero el haber compartido la falacia de creer en un dios impostor, en "Jesús" o "Jehová, junto a ellos. Obra del artífice, emperador Constantino, quien junto a la iglesia apóstata, que establecieron los grecorromanos anti judíos o antisemitas, marginando de esta manera subliminal a los verdaderos "Discípulos del Mesías", "Los Hermanos", a "Los Seguidores del Camino", "Los Nazarenos", "Los Creyentes".

Anti-judaísmo cristiano total o parcial oposición al judaísmo

El anti-judaísmo cristiano es la discriminación y la hostilidad de los cristianos y de sus iglesias hacia los judíos basada fundamentalmente en argumentos religiosos. En la segunda mitad del siglo XIX de el anti-judaísmo cristiano enlaza con el antisemitismo contemporáneo, que se alimenta a su vez de los mitos y libelos anti-judíos elaborados durante los siglos anteriores. En el catolicismo, el antijudaísmo se mantuvo como doctrina hasta el pontificado de Juan XXIII(1958-1963) y el Concilio Vaticano II (1962-1965).

Los Discípulos de Cristo, eran lo más cercanos a la verdad sobre la manifestación del amor y el título de su organización religiosa. Se podía percibir las muestras de cariño y afecto entre todos los feligreses que componían a ésta comunidad. Por esta razón siempre me sentía inspirado a invitar a mis familiares y amistades para que experimentara lo mismo que yo.

Me hicieron sentir muy bienvenido y nunca me marginaron y tampoco predicaban sobre las relaciones homosexuales despectivamente. Por lo tanto permanecí y me relacioné con la mayoría de los feligreses, pero en particular, con la dirigente y su hermana. Mientras yo batallaba con mis demonios para no sucumbir a la vida maquiavélica que había vivido desde los 13 años hasta mis 30 años.

La hermosa hermana de la dirigente me coqueteaba, lo cual me causaba emociones contradictorias; por un lado me sentía dichoso por su belleza y su picardía, pero también vergüenza al maquinar una relación sexual con ella en la cama, con su piel de tono marfil, sus ojos color azul agua, toda ansiosa, bonita, casi purificada para mi, y yo provocándole un orgasmo con mis manos calientes, besando sus pechos fríos y cada curva de sus caderas, hasta llevarla al cielo cerquita de "Dios". Pues a pesar de querer una nueva vida en "Cristo", no estaba listo para amar a una mujer hasta entregarle mi alma. Claro que nunca le hubiese sido infiel; pero mi corazón me hubiese reclamado por fingir ser todo un varón y defraudar a una mujer, como mi madre o una hermana.

Después de un largo tiempo de asistir a esta congregación, decidí que le narraría mi complicada crónica. Y comencé informándole a mis padres sobre la decisión y lo importante que era para mí. Y aunque le fui desleal a todos mis familiares, este acto me sirvió para liberarme de todos mis traumas y frustraciones. Me liberé, adelante de 300 personas o más; ellos se enteraron de que yo pertenecía a una familia disfuncional.

Quizás, una familia más como la de ellos, sólo que fui yo el que tuvo los nervios para gritarlo a los cuatro vientos. Y también edité un tratado con mi vida al descubierto. La hermosa dirigente me entrevistó un día en su oficina y después de un interrogatorio algo sicológico, me aconsejó que no lo hiciera porque no había transcurrido suficiente tiempo de prueba y resistencia. Pero yo insistí y ella oro por toda mis desventuras y mi nueva vida en "Cristo". Mientras ella oraba, con gracia y muy segura de su fe, hizo un paréntesis y como si "Dios" mismo le revelara que éste, su servidor, iba a ser un ministro de "Su palabra". Por supuesto que esas palabras me sugestionaron a creer que yo tenía el respaldo de ella, sino de "Dios" para seguir adelante con mi audacia.

Y sí, ella tenía razón cuando me aconsejó que esperara tan siquiera un año más, pero yo estaba tan entusiasmado con mi nueva vida y la suerte de haber conocido a su hermana, "Mi Bella Genio", a quien yo quería probar, confesando todo mi desventurado pasado ante su familia y la comunidad religiosa que me había acogido cariñosamente. Nada más lejos de la verdad. Pues fue todo lo contrario, ella se distanció despaciosamente y suspicazmente. Nunca hablamos sobre el tema, pero me imagino que pensaría entre si misma que yo tenía muchos motetes, con los que ella tendría que cargar, además de servirme de esposa, amante y sicóloga, siempre tendría temor al verme muy entretenido con algún macho.

Quizás un año después de haberle dicho a todos……. caí, lo cual era ineludible y certero. Lo que me recuerda que cada vez que yo oraba y pedía perdón por mis pecados mentales y aunque siempre intenté ignorar los pensamientos de lujuria y lascivia, me parecía que era inevitable serle sincero a "Dios". Ya que aprendí, entre otras leyes espirituales, que con el pensamiento se peca, y siempre terminaba en una lucha campal entre la carne y el espíritu. Ésta incapacidad de controlar mis pensamientos lujuriosos y de resistirme a masturbarme contemplando una relación con algún feligrés de la congregación, era cochambroso. Todo esto me llevó a buscar una salida racional y que me mantuviera cerca de "Dios" y de los que aman, de alguna manera al mismo Dios.

Por ende, me dí a la tarea de explorar lugares de comunión con gente igual a mí, en donde conseguir apoyo y consejos de otros con las mismas debilidades y la misma visión, de un "Dios" incondicionalmente amoroso, compasivo, y desconectado con "la batalla de los sexos" que Su creación cree que es imprescindible para la salvación. Ellos (los cristianos/católicos y viceversa) se aferran a la idea de mantener una vida sexual equilibrada para así ganar la entrada al cielo.

Mientras que dan a sus hijos en sacrificio a Moloc (ejército nacional), quien a su vez los envía a dar su vida (misión suicida) por la nación/guerra en la que viven.

En Levítico 18:21, Dios le dice a Moisés: "No permitas que ninguno de tus descendientes sea ofrecido a Moloc", pero ¿quién es "Moloc"?

Moloch, o Molech, escrito como מלך en el texto hebreo original de la Biblia, es un dios Cananeo asociado con el sacrificio de niños.

Los únicos religiosos que se oponen al servicio militar son "los testigos de Jehová", por ende no dan sus hij@s a Moloc. Por otro lado, no dan su sangre para transfusión a nadie aunque esto signifique la pérdida de algún familiar, incluyendo a sus hij@s.

¿Un momento, no fue "Jesus" un ejemplo a ser imitado en todo? ¿No saben ellos que la sangre es vida? ¡Sí, precisamente yo aprendí esa lección en su revista Atalaya!

Ignorando y desestimando el ejemplo de Yeshúa, al entregar su sangre (vida) voluntariamente por TOD@S. ¡Amén!

Las Otras Ovejas del Otro Rebaño
Capítulo 10

Entre varias comunidades religiosas o cultos, que investigué, me di con una iglesia que parecía católica/cristiana que al visitarla me aumentó la esperanzas de haber encontrado un refugio espiritual. Me dije a mí mismo, "Gloria a Dios" aleluYAH, estoy en el rebaño indicado en dónde puedo descansar, pastear y sentirme cerca de "Dios", sin ningún obstáculo ni prejuicio.

Nunca antes había conocido tantos herman@s de la comunidad LGBTQ+, que quisieran estar cerca de "Dios", en un lugar que no fuera la Parada de "Orgullo Gay". Fue algo tan emocionante y nuevo en mi vida que ni me percaté que tenían una estatuilla de yeso con apariencia de mujer, con vestidos de señora judía, con facciones de romana, piel pálida y una areola de oro en su cabeza. Se me ocurrió preguntar, al fin del culto, y me nombraron a la patrona de la comunidad gay, "Nuestra Señora de Montevergine". Quién de acuerdo a la historia, de "los que creen" en esta señora, la misma libró de la muerte a una pareja de varones homosexuales.

Al razonar sobre el asunto de la señora, y después de haber asistido varios domingos, decidí no regresar a ésta iglesia o secta católica/cristiana y buscar alguna otra que fuera cristiana/católica. En donde yo pudiera adorar y alabar a "Dios" a todo pulmón, al estilo Pentecostés. Como lo aprendí de mi abuela materna, cristiana/católica y los Catacumbas, cristianos/católicos/hippies.

A pesar de el poco tiempo que confraternicé con esta comunidad de creyentes en "Jesús", aprendí algo que va más allá de cualquier ideología, o teología sobre los límites del perdón y la inmerecida misericordia de YAH, en YESHÚA; definitivamente que existen otras ovejas que no son pero serán de SU rebaño. ¡Y yo me declaro ser una de ellas!

Más adelante presentaré mis razones, usando el mismo texto que usan ell@s para juzgarme y con el mismo texto que ellos TOD@S, justifican su fe; tanto el judío, como el católica/cristiano y el cristiano/católico:

El Discípulo de Cristo, El Pentecostés, Las Ovejas del Otro Rebaño, los Carismáticos, Los Mesiánicos, Los Adventistas del Séptimo Día, los Mormones y los Testigos de Jehová, aunque estos últimos no aceptan la teología de la Trinidad y mucho menos que su Jesús sea Dios mismo.

Todos absolutamente TOD@S creen tener el poder, y las citas explícitas para declararse "La Verdad" legitima y con respaldo del mismo Dios; encasillándolo en su teología condicional y sin justicia.

¿Qué significa Justicia?

La palabra justicia se refiere al principio moral y ético de otorgar a cada individuo o entidad lo que le corresponde. Implica tratar a todos de manera equitativa y basada en la igualdad, asegurando que se respeten los derechos y se apliquen las consecuencias adecuadas para las acciones. La justicia es un pilar fundamental de la sociedad y está enraizada en la búsqueda de la equidad y la rectitud.

Extraído de: significadoweb.

Si me permiten, en el próximo capítulo deseo nombrar algunos conflictos entre ell@s, los que nos condenan y crean leyes injustas para subyugarnos, los católicos/cristianos y los cristianos/católicos.

¡Porque TOD@s acusan a su prójimo de lo mismo!
Capítulo 11

¡Intentare ser breve pero conciso! Ell@s pueden negar "La Verdad", torcer las escrituras, deshonrar los NOMBRES SAGRADOS, los días de fiesta o confiar en su equilibrio sexual para ser salvo, ese es su dilema. ¿Cuál es el tuyo?

Todo comenzó en el famoso Concilio de Nicea en el año 325 después de que los discípulos (JUDÍOS) ya habían esparcido el mensaje de Yeshúa el Mesías por todo Israel y por los países limítrofes a Israel y Roma. Ya habían sido perseguid@s y muchos de ell@s martirizad@s hasta la muerte. Éstos eran varones y hembras (JUDI@S), humildes, quienes no llevaban con ell@s ni oro ni plata, ni vestidos ostentosos. Su guía era el Espíritu de,YAH; el poder y la fuerza de ÉL, que maneja en la tierra todo lo que Le pertenece. No existía para ell@s necesidad dé un rey ni de un reino terrenal y mucho menos de "un concilio ni de un emperador manipulador", ya que sus vidas dependían de la guía y la Sabiduría de Su Espíritu Santo.

Entre los que se unieron a la fe de los judíos, o sea los nuevos conversos eran gentiles, mayormente griegos y romanos, quienes mantuvieron entre si y muy arraigados en su corazón a sus dioses, fiestas y costumbres. Especialmente la adoración al hijo del dios Sol y a la Diosa Isi, quien sostiene su hijo dios en su falda, mucha coincidencia, verdad.

El emperador Constantino y los líderes de la supuesta nueva Iglesia eran parte del Nuevo Orden Mundial, o la Apostasía. Sí, señor@s ellos trazaron el camino para las próximas matanzas en la historia de la iglesia apóstata. Allí comenzaron las reglas del juego y los primeros perjudicados serían los judíos. Allí se dividió o separaron a los "seguidores del camino". Fue allí en donde postergaron a "La verdad" y marginaron a "los nazarenos", los judíos.

Comenzaron con los días de fiesta, cambiándolos y acomodándolos a las fechas de las fiestas de sus dioses. Intercambiaron, subliminal mente los nombres de sus dioses por los de los santos "judíos". Ellos intercambiaron "La Verdad" quién es Yeshúa, por toda clase de mentiras. Aunque les expliques y le muestres pruebas en su mismo texto no dan su brazo a torcer. ¡Todo lo de menor valor es prioridad sobre el Glorioso e Imponente Nombre! ¡Para ellos el Nombre no tiene sustancia, no tiene importancia, es vacio, es reemplazable, es traducible es postergable, etc., etc., etc.

Y después de que el satán se saliera con la suya, arrojando los Sagrados Nombres al "olvido", comenzaron las cizañas a crear un ambiente de inconformidad y división. Desde aMartín Lutero (y todo esto en el nombre de Jesús), quien comenzó el antisemitismo cristiano y separación de la iglesia matriz (la gran ramera) en muchas sectas.

Así se dividen y juran tener la razón en cuanto a quién es Él, cómo se llama, cómo se comporta, cómo les hace milagros, cuáles son sus intereses, si es varón o hembra, a quién incluye, a quién elige rey sobre ell@s, a quién ama o desprecia, sus limitaciones etc., etc., etc. el debate se maneja algo así: el católico/cristiano se enorgullece en afirmar que el judío Pedro fundó su iglesia y presenta sus pruebas (Mateo 16:17 y 18) explica de manera subliminal como su dios le permite confeccionar imágenes de todo tipo de materiales y adorarlas.(Ex. 21:8 y 9) a la madre de su Jesús le llaman "La madre de dios", La Reina del cielo y también lo explican con el mismo texto, Mateo 1:18; Rev. 12:1. Con un solo versículo explican la Trinidad, que seguramente fue añadido por ell@s mismos (Mateo 28:19). También explican, con un versículo, el cambio del día sabático por el domingo (Lucas 24:1).

Explican el porqué bautizan a criaturas inocentes, inconscientes y sin pecado, (Lucas 2:22).

Los testigos de Jehová rechazan redundantemente la teología de la Trinidad y demuestran el porqué, (Deuteronomio 6:4). También explican, con el mismo texto, que el tal Jesús no es dios sino un instrumento de dios, un arcángel mayor (Juan 14:28). Tienen un versículo para explicar su posición en cuanto a la donación de sangre, (Génesis 9:4). Otro versículo que usan para excomulgar a sus familiares si no se adhieren a las leyes de su reino (Mateo 18:15-18).

- Aunque está basado en el cristianismo, el grupo cree que las iglesias cristianas tradicionales se han desviado de las verdaderas enseñanzas de la Biblia, y no trabajan en total armonía con Dios.

Los mormones cuentan sobre la manifestación de un arcángel con un evangelio nuevo;

Moroni era un antiguo profeta en el continente americano que había vivido alrededor del año 400 d.C.

Después de su muerte, fue resucitado como un ser espiritual y se le asignó la tarea de preservar y proteger los registros sagrados escritos en planchas de oro llamadas el Libro de Mormón.

Por: Martín Navarro

Sobre este "profeta/arcángel no existe nada en la biblia que validen su existencia.

¿Y porqué creen en el matrimonio de niñas menores de edad?

¿Cuántos años tenía María cuando nació Jesús?

A través de datos históricos y análisis teológicos, se estima que María tenía aproximadamente entre 15 y 17 años cuando dio a luz a Jesús, lo que era relativamente común en la antigüedad.

Por: Oración Cristiana.org

También practican y consideran que la poligamia es "plausible", (I Reyes 11:1 y 3).

Los Pentecostales justifican el prohibirle a las mujeres ser ministros, con el siguiente versículo (1 Timoteo 2:12) al igual que los testigos de Jehová.

Los Discípulos, con el mismo texto, comprueban lo contrario, (1 Timoteo 3:8 —11). Y los demás son los demás, que son influenciados por las distintas sectas mayores que las suyas. ¡Y tod@s siguen al tal Jesús!

"Todos inhalamos y expulsamos Vanidad"
Capítulo 12

Recuerdo que cuando chico yo disfrutaba ver a mi amada madre lucir los mejores vestidos de marca, los mejores zapatos de marca, hermosas y valiosas prendas, y las mejores fragancias en moda. Añadiendo así más valor a su belleza de mujer taína. Ella no era rica, pero las mujeres que la influenciaban en la radio y televisor lo eran. Yo siempre la categoricé como una rica/pobre, pues ella se manejaba ante los demás de esa manera. Claro que no la culpo, sino que la admiro por ser tan luchadora y trabajadora. Su afán en lucir bien elegante, y adinerada, la inducía a ser vanidosa, pero admirable.

¡Vanidad de vanidades dijo el predicador!

Me parece que yo adopte su actitud y la misma idea alucinante de lucir como rico aunque pobre. Mi padre era algo parecido, siempre representaba, aún cuando cruzaba en el barrio, nunca, pero nunca en trapos. Su cabello fino y ondulado, siempre nítido, al igual que sus uñas, muy pulidas y brillantes. Gracioso y popular entre todos los que no conocían los esqueletos en su clóset; para mi madre, él era lo peor que le pudo haber pasado. Bebía los mejores whiskeys y al igual que mi madre, calzaba zapatos finos y a la moda, como si fuera rico. Mientras que la casa se derrumbaba por dentro físicamente, emocionalmente y eventualmente el divorcio. El que mantuvieron en secreto por años, para que nosotros no sufriéramos y para mantener las apariencias; además de la ley católica que los ataba en "matrimonio eterno".

¡Vanidad de vanidades, todo es vanidad!

Recuerdo que mí padre tenía un primo, dueño de una tienda, fabulosa, con ropa y calzados de la última moda, con marcas de renombre y buena calidad. A donde mi madre nos llevaba, cada vez que se presentaba una actividad en las escuelas o para las fiestas patronales de mi pueblo. En donde ella compraba lo mejor, fiao (a crédito) para que luciéramos tan lindos y caros como ella y mi padre.

¡Todos inhalamos vanidad!

Nunca olvidó que cuando me disponía a comprar mi primer carro del año, mi madre me prohibió comprarlo rojo, precisamente esas eran mis intenciones, y color favorito. La razón por la cual me lo prohibió fue por orgullo, apariencia y compromiso con su partido político. Sencillamente porque el color representativo de su partido político era el azul, y el de el partido político contrario era el rojo. Hasta me amenazó de no permitirme estacionar a dentro de la propiedad si lo elegía rojo; y esa demanda era en serio y definitiva. Y por supuesto que me lo compré de mi segundo color preferido, blanco con detalles en negro.

¡Vanidad de vanidades, todo es vanidad!

Pero ya basta de usar a mis padres como vívido ejemplo de la vanidad. De todas maneras, decidí honrarlos al no ser desleal a ellos ni a su memoria, ya que están descansando hasta el día de la resurrección. No solo a ellos le guardaré lealtad, sino también al resto de mis ocho herman@s. Especialmente después de haber escrito y haber contado mi testimonio en la iglesia, Discípulos de Cristo, siéndole a ellos desleal adelante de trescientas gente.

¡También yo inhalo vanidad!

Recuerdo que cuando era miembro de la iglesia mencionada arriba; yo tenía mi propio salón unisex, en Vega Alta y vivía en abundancia, la cual le exigía a Jesús, para demostrarle a todos, lo bien que me iba sirviéndole a "Jesucristo". Especialmente, recuerdo que mientras "el show" o culto se desarrollaba, yo no estaba divagando en pensamientos obscenos, pero si en pensamientos avaros y de adquisición de vienes efímeros. Todos los "Santos Domingos" mi mente se transportaba hasta las tiendas de Plaza las Américas en donde me imaginaba el entrar y salir de las fabulosas tiendas del shopping mall, más grande del Caribe.

¡Yo exhalaba vanidad!

También me parecía a mí, mientras que caminaba por el pasillo, que conducía al "altar de dios", fuera para llevar mis ofrendas, diezmos, o para leer la biblia, que andaba en una pasarela de moda donde competía por lucir tan cachendoso que los demás. Con mis botas Timberland de cuero fino compradas en Journey de Plaza y mis ropas de "show" adquiridas en ZARA.

¡Yo inhalaba vanidad!

Mientras asistía a la misma iglesia, recuerdo haber adquirido mi primera cadena de marca Cartier, a pesar de no saber que era una gran marca, me enteré luego de una manera muy peculiar que les contaré.

Se me antojó ir al cine, posiblemente un fin de semana, en donde saludé varios amigos del barrio, y entre ellos se encontraba una persona, quizás un maleante, que me presentaron esa noche, y quien se fijó en mi cadera diciéndome algo así….wow que linda tu cadena, es una Cartier verdad! Ni siquiera yo sabía eso hasta que él me lo informó. Me dejó anonadado y amedrentado pues no esperaba que alguien de la calle supiera sobre prendas valiosas. Enseguida llamé a la amiga de mi madre quien me la había fiado, y le rogué que me la cambiara por una más económica y menos llamativa.

¡Vanidad de vanidad, yo respiraba pura vanidad!

Ahora que conozco la verdad sobre El Glorioso e Imponente Nombre, inhaló y expiro menos vanidad. Y reconozco al Verdadero Dios en todo su Esplendor y Gloria, la de Su Hijo, Yeshúa el mesías. El que resucitó de entre los muertos, de lo cual existe prueba contundente, en el "Manto de Torino" o "Sábana Santa". Y como muestra de la falsedad de la religión universal ésta, la Iglesia católica/cristiana, incluyendo sus sectas cristianas/católicas, nunca han aceptado la autenticidad de la "Sabana Santa". Y como por coincidencia, ninguno de ell@s aprueban ni valoran la más valiosa prueba de "Las huellas de, YAH" plasmadas en la Sábana Santa.

¡Tod@s inhalan y exhalan vanidad!

Cuándo pequeño vivía fascinado con muchas actrices de la farándula puertorriqueña. En esos entonces la televisión se proyectaba en blanco y negro. De todas maneras la disfrutaba igual, especial mente el show, "Casos y Cosas de Casa" con Lilian Hurts y Braulio Castillo, como protagonistas. Yo reía y disfrutaba el personaje de ella, era tan cómica además de encantadora y dócil. Ella era como una Lucille Ball, en su show "I love Lucy". Si no fuera porque yo adoraba a mi madre, diría que era ella mi adoración.

Hasta el día que la ví en acción insultando a Ofelia D'Costa, la dueña de la academia a la que asistí por un tiempo, para repasar mis estudios de drama y pulirlos un poco más.

Les cuento; me encontraba yo en el canal de televisión, WAPA-TV trabajando en la novela Tormento (1987), como extra;

Yo caracterizaba a un "bartender", empleado de un "Catering Services". Y estaría rindiendo mis servicios para una fiesta de quince año de la novia de "Chayane", quien a su vez caracterizaba a un adolescente cantante de rock latino. La que caracterizaba a la madre de la quinceañera, era Lilian Hurts, y ella representaba a una señora de la alta sociedad, altiva, avara, presuntuosa y vanidosa.

Y pareciera que se compenetró tanto en el personaje o fue poseída por un ángel caído, que después de un corte de acción y cámaras, comenzó a gritar como una loca desquiciada a la persona que le dictaba las líneas del libreto. Mientras tod@s, (los actores y actrices del elenco, los camarógrafos, los maquillistas, los técnicos de luz y diseñadores de escenario más, nosotros los extras) observábamos atónitos su entenebrecido rostro y oímos sus palabras soeces e irreverentes contra la persona en la cámara de sonidos, quien fuera Ofelia D' Acosta; a quien le decía algo así: ¡díganme, carajo, puñeta, quién me está dictando las líneas, no oigo bien, carajo, coño, no entiendo ni un carajo! ¡No me digan que es Ofelia! ¿Qué carajo trata de hacer, turbarme? ¡Quítenla de inmediato, coño, y pongan a otra persona! Tod@s nos miramos en perplejidad y algunos torcían sus cabezas en negación.

Entonces descubrí que son cierto los dichos que dicen: "las apariencias pueden ser engañosas"; "no todo lo que brilla es oro".

¡En esto también hay vanidad!

Otra actriz, a la que yo adoraba por su belleza, era Maribella Garcías, su nombre le hacía honor a su físico o viceversa. Para mí ella era la Elizabeth Taylor cubana/puertorri queña, sin los ojos violeta, pero de impresionante hermosura; toda una diva. Ninguna de las divas, con excepción de Elizabeth, se asemejaban a ella en hermosura; ni Marilyn Monroe, Greta Garbo, Gladys Rodríguez, Ángela Meyer, tampoco Iris Chacón.

Mientras trabajaba yo, para una novela titulada "La Isla" en el canal 7 de P.R. (1987), caracterizando a un joven "bartender"; tuve el privilegio de conocer y colaborar en una escena con Maribella Garcías y su galán, quien no recuerdo, grabada en la barra del Hotel Excélsior. Ésta sería mi segunda o tercera aparición en cámara, de 7 novelas en las que participé mientras incursionaba en la TV puertorriqueña.

Yo me encontraba ubicado adentro de la barra y ellos sentados frente a la misma conversando consigo mismos, en un ambiente de luces tenues además de acogedor, música suave y romántica. Ella bella, un vestido negro de noche, un maquillaje exquisito que no le añadía ni le restaba a su hermosura, y su cabello recogido e impecablemente estilizado.

Antes de comenzar la grabación ella, la bella, detuvo al camarógrafo y al técnico de luces y les pregunto, qué de cuál ángulo lucía mejor, e insistiendo le preguntaba.... miren, chicos me preocupa mucho que se me note esta vena que sobre sale entre mi ojo izquierdo y la cien.... por favor, busquen el ángulo preciso donde no se vea.... por aquí... (señalando con su dedo índice) eviten que se vea, no lo soporto, por favor, chicos, gracias.

Mientras que ella expresa su trauma, el actor a su lado muestra su desconcierto pero no la interrumpe y se mantiene sereno, pero yo por otro lado estoy perdiendo la calma y me atacó el pánico y nerviosamente, mientras yo ensayaba mi parte, extiendo mi mano derecha para alcanzar las copas y servirles vino, mis nervios al tocar las copas, causaron un efecto dominó de las copas sacudiéndose unas contra las otras. Sentía vértigo y harta calor, a pesar de la temperatura fresca del a/c, lo que causó la intervención de Maribella, que me decía..... respira hondo y exhala despacio cuantas veces sea necesario..... cálmate que yo se lo que siente...tu puedes...dale. Solo tomo unos segundos y lo logré. Gracias, a ella, a pesar de su vanidad tenía respeto por sus compañeros de escena.

¡También ésto es vanidad!

Mi Complicada y Conflictiva identidad
Capítulo 13

Varón, homosexual, puertorriqueño/ estadounidense, una vez católico, ahora judío/mesiánico/no ortodoxo

Cuando descubrí mi pequeño miembro viril, el cual tenía apariencia entre gusano y tortuga, lo cual parecía haber sido diseñado solo para orinar, le cogí manía, casi desprecio cada vez que se hinchaba y se pillaba con las grabetas. Más adelante me di cuenta, en mis sueños mojados, de que no solo orinaba pero también expulsaba una sustancia cremosa con olor a blanqueador y apariencia de vela derretida. Lo cual dejaba mis sábanas hediondas, haciéndome lucir como un puerco, por algo sobre lo cual yo no tenía control.

Detestaba el que se orinará en mi cama al igual que expulsara esa sustancia cremosa, la cual me informaron, los chicos del barrio que era esperma para hacer niños. Y por supuesto que pregunte cómo, y abrí la caja de Pandora que contiene en sí todos los secretos del sexo humano y animal.

¿Y como se hacen los niños..... pregunté a uno de mis amigos y me contestó, casi susurrándomelo.... nene, chichando, que tu no sabes?... mientras me mostraba su dedo índice de su mano derecha, penetrando un hueco formado con su dedo pulgar e índice de su mano izquierda. ¿Y nosotros, podemos hacer niños?...no, chico, no...tú estás loco... tengo hambre, a lo mejor mami ya cocinó... y me invitó a comer a su pobre casa.

Después de haber sido entretenido por su pobre, humilde y bondadosa madre, le pregunté...Doña Victoria, quiere que le friegue los trastes? Y ella me contestó...tú no tienes que hacer eso...y además eso es pa' las niñas...y ya mi hija se fue y me tocó a mí de nuevo! Anda ve a jugar... y yo salí contento y resuelto para seguir jugando con el vecino de Doña Victoria.

Él me invitó para el sótano, abierto, de su casa y le dije... vamos! Esta era mi oportunidad para indagar más sobre la incógnita de la procreación. Ósea de cómo hacer niños y el significado de chichar. Y el no titubeo en explicarme su teoría. Al parecer él tenía experiencia previa, y susurrándome en el oído, mientras hacía señas con sus dedos, me dijo... mira es bien fácil y chévere; tú ves este boquete...formando con un ademán un boquete entre sus dedos pulgar y el índice, de su mano derecha y atravesando el boquete con el dedo índice, de su mano izquierda, muy rápidamente.

Esto me causó intriga y le tuve que preguntar que si lo había hecho antes, a lo que él respondio, efusivamente...si claro, yo te enseño cómo chichar pa' que tú se lo hagas a tu novia...sí, que hago? ...

mientras se bajaba sus pantalones cortos…yo seguí sus pasos y me bajé los míos…mientras él se frotaba su pene, tipo hongo rosado, yo comencé a frotar el mío; de la nada me retó a jugar a las espadas con nuestros pipís y yo le seguí la corriente hasta que me pidió que me diera la vuelta…diciéndome…dale que te va a gustar que te chichen; y después tú a mí.

Fue exactamente esa experiencia la que me comenzó en la faena sexual de este mundo sin conciencia, sin valores, sin compromiso, irracional y sin, YAH.

Capítulo 14

Descubrí que era homosexual cuándo me enamoré la primera vez de mi nuevo amigo Heberto; a pesar de que vivíamos en la misma calle de mí barrio, nos amigamos en la escuela. Él era de piel clara, alto, de nariz puntiaguda, cabello castaño oscuro y extremadamente lacio, y sus ojos eran castaños claros.

Fue muy bonito, ya que todo era fantasioso de mi parte. Yo me divertía tanto a su lado; por ejemplo: su madre nos servía almuerzo dos o tres veces en la semana. Esos días no almorzábamos en el comedor escolar, y caminábamos como 15 minutos desde la escuelita hasta su casa.

Otras veces sólo iba a visitarlo, di que para ver y jugar con su perro. Y mientras tanto suspiraba por él en silencio. ¡Todo un amor platónico! Mientras estaba con él en lo menos que yo pensaba era en sexo; porque solo su presencia carismática y fulgurante me satisfacía. Aunque aveces jugaba conmigo como con su perro, en otras palabras, cualquier muestra de afecto o caricia brusca que le mostraba a él también a mí lo hacía.

También estuve enamorado de otro chico que me conquistó con burlas y carcajadas. Fue entonces y por primera vez que descubrí que en mi piel existían trazos de masoquismo. Quizás teníamos 13 años, cuando el me llamaba con palabras soeces y yo no podía (quizás, no quería) ignorarlo. El me visitaba en casa de mi amiga, lesbiana, y hablábamos como los tontos, que no saben lo que quieren y mucho menos si lo quieren. Y entre palabras soeces, alones de bellos de mis piernas y quemaduras con sus cigarrillos, yo me enamoraba como un tonto de él.

Solo que sabía que era imposible pues él tenía su novia y yo el mío, José. Si José, mi primer novio gay. De todas maneras, ya sentía atracción por los bisexuales, y él fue uno. ya que más adelante tuve un fugaz encuentro sexual con él.

Al pasar los años él se casó con su novia a quien yo conocía, pero mi ignorancia no me permitía la noción de respetar lo ajeno.

Ellos convivieron y tuvieron hijos. Parecían haber sido felices, hasta que él le fue infiel.

Su relación terminó en divorcio. Parecía que ambos se conformaron con la separación felizmente.

Sin embargo, y después de unos años de divorcio y con otro hijo fuera del matrimonio, el macho cabrío/bisexual, de la nada invádio la libertad y el espacio privado de su exesposa, en su salón de belleza, asesinándola a ella y suicidándose asimismo!

Él era tan lindo por fuera, no sé si era igual por dentro. Tristemente fue criado por una familia de la secta cristiana/católica, Testigos de Jehová. Que aunque cambiaron las reglas del juego, también violaron las reglas gramaticales de transliteración y traducción de nombres personales a otros idiomas.

Y al igual que las demás sectas, producto de una falsa conversión de el emperador Constantino, quien solo buscaba controlar a las masas, continúan vinculad@s a los católicos/cristianos por el nombre, Jesús.

Capítulo 15

Existe un dicho que dice así: "Soy puertorriqueño aunque haya nacido en la luna".

Yo diría: ¡si muriera y reencarnara, reencarnaría en un coquí, para cantarte a tí, mi Borinquén! (No creo en la reencarnación). Seguramente no estés de acuerdo conmigo pero para mí Puerto Rico dejaría de ser melodioso y encantador sin el coquí.

Nací en un pequeño y humilde pueblo de la costa norte de Puerto Rico. Cuando nací habían dos banderas, de colores azul, blanco y rojo, las de PR y EUA, las cuales hondeaban juntas impulsadas por las brisas del océano Atlántico; el cual baña con sus olas toda la costa norte de mi hermosa isla.

Recuerdo que la primera vez que viajé a fuera de PR sería a "Los Nuyores", bueno eso pensaba yo; pero en realidad fui para Worcester, Massachusetts. No dejaba de imaginarme los rascacielos, las vitrinas de vidrio, repletas de juguetes de Navidad, y las calles cubiertas de nieve blanca.

Mi primer viaje fue de "primera clase", tenía apenas once añitos, con una apariencia de niño rico pero desnutrido, por ser extremadamente delgado; no, no es que lo estuviera, sino que lucía como tal. En cambio, comía de los exquisitos manjares que ofrecía el manantial al lado de mi casa; camarones de río, chopas (peces), güavinas (peces), y juelles (cangrejos); de desayuno, almuerzo y cena. Con un bronceado color ámbar y cabello rubio sucio, parcialmente ondulado y fino, como gazpacho de coco. Existía un compinche entre mi madre y mi abuela.

¡Cada vez que mi abuela se antojaba enviaba por mí!

Mi primer viaje, entre tantos, y me sentía como una figura resguardada y reconocida.

Éste viaje fue encantador, además del "TV dinner" y la inmensa butaca reclinable y acogedora que pareciera un trono digno de un rey. Recuerdo que viajé en un 747 de la aerolínea EASTERN Airline, "En las Alas del Hombre". Fue un viaje impactante y memorable; un conjunto de sensaciones y emociones que ensayaba por primera vez en mi corta vida.

Una vez en Worcester, Massachusetts en la residencia de mi abuela, con mi propio cuarto y una inmensa cama, toda para mi y sin hermanos que estorbaran mi privacidad; me sentía como el preferido y dichoso entre mis herman@s. Solo un tío con síndrome de Down, quien también tenía su propio dormitorio y se comportaba como un niño de mi edad y me permitía jugar con sus figuraras de monstruos como Godzilla, King Kong, también con sus aviones y carros; hechos de pasta, plástico y de hierro.

Enseguida que llegó la temporada escolar mi abuela cumplió con su deber y me registró en la escuela elemental, que tenía aspecto de una fortaleza de ladrillos rojos, gigantesca; con su comedor en el sótano. En esa escuela aprendí varias costumbres e ideas americanas.

Por ejemplo: aprendí a jugar soccer, a almorzar "pan pizza", (en vez de arroz junto con salchichas), en un sótano hecho de bloques cilíndrales en concreto junto a ladrillos rojos lo cual lucía como el fundamento del edificio. Todo era un nuevo mundo para mí; para un niño de un barrio pobre pero hermoso, lleno de caras lindas. Sin olvidar a los coquíes, además del manantial y de los vientos de tormentas y huracanes.

En mi primer año de escuela tuve una maestra muy bonita y fabulosa, quien nos instruyó a confeccionar relleno de manzana para hornear los "American pies". Y otro maestro que nos adiestraba en la lectura. Con quien yo tuve un pequeño percance. Cuando el maestro me pide que me ponga de pies y lea un párrafo de un cuento para niños; mientras yo estoy leyendo el párrafo, en inglés, y después de haber leído dos oraciones, me encuentro con la palabra "Water" la leo con acento de inglés Británico, él me detiene y me indica que ese no es el modo de pronunciación correcta y yo, desafiada mente, le digo….excuse me teacher but in Puerto Rico they teach me to say it that way, and he replied to me…. You're not in Puerto Rico now, you're in United State now! So you pronounce it the American way! Please, seat down!

Esto me causó desasosiego, y algo de confusión. Mentiría si culpará al maestro de ser más rígido y estricto que los de Puerto Rico, pues no lo haré. Pero si lo llegué a conceptuar como un engreído y sarcástico. Si yo hubiese tenido noción sobre el estatus de PR, en ese entonces, también lo hubiese confrontado sobre ello. Fue en ese entonces que realice que era diferente, que era puertorriqueño. Solo me faltaba la bandera, el coquí, y la "paba" de "Bad Bunny"; que representa la humildad y resiliencia del campesino puertorriqueño. ¡Y listo!

Mientras pasaban los días, las noches, las semanas y los meses, mi corazón se colmaba de pesar y añoranza por la isla y sobre todo el cantar de los coquíes. Bueno a parte de echar de menos a mi madrecita y a mis herman@s. Sin embargo mi abuela, mis tí@s, y mis prim@s llenaban ese espacio vacío.

Hasta que llegó el otoño y la maestra comenzó a decorar el aula de clases, con hojas multicolores, de tonos tierra y amarillo con anaranjado y terracota que caerían sobre el suelo tapando la tierra y preparándola para el invierno. Ya comenzaba a disfrutar las distintas caras de las estaciones del año. Y me estaba olvidando de la isla como si estuviera en un estado de encantamiento y burlería.

Acabé de perder mi identidad y mi anhelo por PR cuando llegó el invierno; poco antes de ver la nieve y sentirla en mis manos tibias y jíbaras, la maestra decoró el aula con copos de nieve, de distintos tamaños y distintos diseños en cartulina blanca, preparándonos así para la maravilla del invierno.

Cuando nos explicó cómo sería la temporada y cómo los copos de nieve son distintos unos de otros y que ningún diseño es igual, que son como las huellas dactilares de cada individuo; me quedé anonadado y fascinado por lo que estaba por ensayar.

Ya el pronóstico del tiempo, en la TV, anunciaba una tormenta de nieve, o sea una nevada. Y la maestra nos mantenía al tanto de ello y nos daba ideas de cómo disfrutar de la temporada y cómo protegernos del frío. Sobre todo, de cómo apreciar los copos de nieve a traves de una lupa. Nos aconsejó diciendo…. pídanle a sus padres o guardianes que les compren una lupa para que puedan observar los copos que se adhieran a sus ventanas de vidrio.

Oh my gosh! Esta experiencia me impactó hasta el punto de "no return". Este ensayo me hizo olvidar todas mis vivencias en PR. Olvidé, entre tantas vivencias, el nadar como, "Sea Hunt" sumergido en las heladas aguas del manantial en mi barrio, el pescar camarones, chopas (pez), güabinas (pez), anguilas con mis jíbaras manos, para luego ser cocinadas por mis hermanas, en sopas, fritas o en tortillas de huevos.

Hasta el cantar del coquí fue simultáneamente extinguiéndose y siendo reemplazado por el sonido encantador de los silbidos que causan los vientos al caer la nieve durante la tormenta. Quizás por razones de edad se facilitaron los cambios de ánimos en mi cuerpo y en mi mente. O quizás el niño en mí no sabía aún sobre el tesoro llamado cultura y el amor por la patria.

Lo cierto es que me fui convirtiendo en estadounidense y comencé a comportarme altivamente olvidando también mi humildad jibara, mi respeto por los mayores, los tonos de piel, las demás nacionalidades, que antes en los cuentos de la escuela apreciaba por ser diferentes. Ahora los comenzaba a percibir como una posible amenaza a mí sobrevivencia; y esto gracias a los consejos de los que me rodeaban.

Además de convertirme en evangélico, para congraciarme con mi abuela y mis tías. Después de haberme criado católico por obligación junto a mis herman@s. Era algo así como casarme forzosamente con un extraño, escogido por mis padres, sin tener idea del buen o mal trato que me va dar el descocido. Me atrevo a compararlo con la religión que nuestros padres nos someten a creer y practicar.

Capítulo 16

Católico, apostólico, romano, puertorriqueño, hasta suena absurdo. Pero eso fue lo que aprendí en el catecismo, que éramos todo eso y más; la única y verdadera iglesia fundada por Pedro en Roma. Nada más lejos de la verdad, si tomamos en cuenta, que fue un judío, Yeshúa quien le dijo a Pedro, otro judío, en Judea, y no un romano en Roma, el que "declaró" a Pedro, que sería la roca sobre la cual fundaría su asamblea".

También te digo esto: 'Tú eres Kefa [que quiere decir 'roca'], y sobre esta Roca yo construiré la Asamblea de Yisra'el,[97] y las puertas del Sheol no podrán vencerla.[98]
Mateo 16:18

¡En serio! "Asamblea de Israel" no de Roma, ní en Roma. Esta es la Apostacia que advirtieron los profetas.

Salieron de nosotros, pero no eran de nosotros; porque si hubiesen sido de nosotros, habrían permanecido con nosotros; pero salieron para que se manifestase que no todos son de nosotros.
1 Juan 2:19

Los católicos/cristianos y los cristianos/católicos salieron de la Verdad a la mentira. Oyeron las prédicas de los Nazarenos, ósea de los judíos, y luego cambiando y combinando sus prácticas idólatras adulteraron el evangelio.

Pues habiendo conocido a Dios, no le glorificaron como a Dios, ni le dieron gracias, sino que se envanecieron en sus razonamientos, y su necio corazón fue entenebrecido. Profesando ser sabios, se hicieron necios,
Romanos 1:21-22

Esto fue lo que ocurrió entre Constantino y los nuevos convertidos gentiles, grecorromanos en el Concilio de Nicea. ¡Y Pedro no estaba por ningún lado! ¡Y yo que juraba pertenecer a la iglesia fundada por Jesús y Pedro! ¡Y pensar que celebraba todas las santas fiestas!

En el Concilio de Nicea se organizaron las reglas del juego, creando así "mandamientos de hombres" y nada más.

Dice, pues, el Señor: Porque este pueblo se acerca a mí con su boca, y con sus labios me honra, pero su corazón está lejos de mí, y su temor de mí no es más que un mandamiento de hombres que les ha sido enseñado;
Isaías 29:13

No todo el que me dice: Señor, Señor, entrará en el reino de los cielos, sino el que hace la voluntad de

mi Padre que está en los cielos. Muchos me dirán en aquel día: Señor, Señor, ¿no profetizamos en tu nombre, y en tu nombre echamos fuera demonios, y en tu nombre hicimos muchos milagros? Y entonces les declararé: Nunca os conocí; apartaos de mí, hacedores de maldad.
Mateo 7:21-23

¿Cómo es posible que le llamen Señor, conozcan Su historia y Sus obras, y YAH los rechace? Fácil, ellos obraban de acuerdo a su fe, la cual depende del individuo no de el nombre. Tú puedes tener fe en cualquier otra persona o nombre y de acuerdo de la fuerza que creas funcionará.

Yeshúa le decía a los enfermos……

"Respondiendo Yeshúa les dijo: De cierto os digo, que si "tuviereis fe", no dudareis, no sólo haréis esto de la higuera: mas si a este monte dijereis: Quítate échate en la mar, será hecho"
— Mateo 21:21

Tú puedes elegir a Jesús, a Santa María o a Santo José, y sí crees con todas tus fuerzas y confías en uno de ellos, será hecho de acuerdo a "tu fe".

¡La fe es innata en el ser humano!

Porque se levantarán falsos Cristos, y falsos profetas, y harán grandes señales y prodigios, de tal manera que engañarán, si fuere posible, aun a los escogidos.
Mateo 24:24

El primer anti-Mesías fue Constantino y los obispos que fundaron la nueva e ilusoria iglesia universal. Entre los cuales existen miles de falsos mesías que por siglos han estado engañando a los pobres de este mundo, con milagros y señales.

Cuando pequeño, recuerdo que yo adoraba a la virgen, Nuestra Señora del Rosario, a la iglesia de V.B., y al Cristo que mantenían en una urna de vidrio, desnudo, cubierto de llagas en todo su cuerpo, aún con su corona, cubriendo con sus manos sus partes privadas y ensangrentado.

Cada vez que lo podía observar se me saltaban las lágrimas, y no podía evitar el coraje que me daba al pensar en sus asesinos.

18 Nadie me quita la vida, sino que la doy libremente. Juan 10.

Mi propósito es que ellos sean animados, que sean unidos en amor, y para que tengan todas las riquezas derivadas de estar seguros de entender y puedan conocer a plenitud la verdad del secreto de YHVH, ¡qué es el Mashíaj![12]
Colosenses 2:2

"Unidos en amor"

Existen cientos de sectas,
quizás miles, y todas son producto de ene
mistad, desacuerdo sobre la identidad de
su Dios y su capacidad para amar o rechazar
a su creación, entre tantas otras ideologías. Ellos no
se odian, solo que no se aman.

Capítulo 17

¡Me auto proclamo judío por la fe en un judío, Yeshúa! A estás horas no he hecho mi conversión oficial y quizás nunca la haga. Sin embargo, de acuerdo a mis apellidos, maternal; Matías, paternal; Rivera, soy descendiente del clan judío de Iberia, sefardí. Además de querer serlo porqué amo todo lo que representa a mi Mesías. Y como el judaísmo es la religión, que practicaba mi maestro y sus discípulos, y yo soy un "seguidor del Camino", un "nazareno", mesiánico y discípulo de Sus enseñanzas, me declaro judío por fe.

Siempre tuve mis dudas mis incógnitas sobre la religión católica/cristiana, en especial cuando en la clase de historia, en la universidad aprendí sobre las cruzadas y sus masacres contra todos los que negaran a "Jesús" como su dios. Lo cual me dejó perplejo, anonadado, patidifuso y petrificado.

No podía ser que aquel Jesús, de quien aprendí, mediante el catecismos, que era lleno de Gracia, de Amor, de Misericordia, que vino al mundo para dar a conocer a su Padre; permitiera que una religión tan maquiavélica usara su nombre, "Jesús" y el símbolo de la Cruz para masacrar a los que "él" vino a salvar.

¡Me niego, rotundamente, a creer que El Padre, YAH escogiera a una religión que lo representara, mediante la figura de Su Hijo,

Yeshúa el Mesías, para establecer su iglesia a costo de más sangre, además de la de Su Hijo en el madero. Como si su sangre derramada no hubiese sido suficiente para salvar a la humanidad, incluyendo a ti y a mí.

Finalmente tuve la dicha de oír Su Santo Nombre por primera vez.

Mientras recortaba el cabello de un cliente en Vega Baja, PR, este me habló sobre, lo que parecía un nuevo evangelio, Yeshúa el mesías y los días de fiesta que celebraban los judíos, incluyendo a Yeshúa y sus discípulos. En especial me habló sobre el sábado!

Yo, con prejuicio, le reclamé en defensa del domingo, sin embargo no le reclamé nada sobre el nombre. Él, humildemente, me invitó a su iglesia mesiánica, la cual quedaba a corta distancia de mi casa, en el mismo pueblo de V. B. Más adelante tuve el coraje para pedir un sábado libre y así pude visitar su Iglesia.

Ésta tenía una mezcla de sinagoga con aspecto pentecostés, lo cual me complació.

Ya que si hubiese lucido católica no me hubiese interesado, en absoluto. Me sentí muy a gusto, ya que los feligreses me trataron bien aunque no interactúe con ellos después del servicio porque tenía prisa para irme.

Enseguida me sentí intrigado del porqué le llamaban Yeshúa y no Jesús, y comencé una intensa búsqueda en las redes sociales y pude ver la verdad más allá de lo que me habían instruido en el catecismo y la escuela dominical. Ciertamente se habían reservado las masacres, las Cruzadas y el libro antisemita de Martín Lutero. ¡Entre otras cosas más!

Y entre búsquedas tras búsquedas he descubierto, las mentiras, espejismos, y una imagen perfecta pero ficticia sobre la historia de la iglesia y los Sagrados Nombres, de ÉL y su Hijo. Unos ocultaron El Sagrado Nombre de, YAH; Los otros lo cambiaron, violando una ley gramatical, y otra bíblica, que ya he mencionado anteriormente.

Yo le llamaría "La Gran Estafa"; de más de 2,000 años.

2 Pedro 2
1. Pero los falsos profetas también surgieron entre la gente, como los falsos maestros también estarán entre ustedes, que traerán en secreto herejías destructivas, negando incluso al Maestro que las compró, trayendo sobre sí mismos una destrucción rápida.

Muchos son los Llamados
"Y pocos los que conocen Su Nombre"
Capítulo 18

Mis experiencias vividas con los cristianos ha sido muy contradictoria, pues aunque quisiera creerles y confiar en ellos no ha sido fácil; de todas maneras les contaré algunas anécdotas que he experimentado con ellos, y también de las que me he enterado por otros medios, incluyendo la TV.

Comenzaré con el más reciente: mientras esperaba en línea del "checking point" en el aeropuerto de FLL, me encontré a un antiguo cliente mío, (de barbería) quien me saludó efusivamente, como a un amigo. El es un cantante de música cristiana, quien una vez, cuando era mi cliente me regaló una copia de su música.

Tanto su voz como el mensaje de la letra eran muy inspiradores. El acostumbra ir a las iglesias para cantar y ganar dinero por ello. Precisamente él iba de viaje para algún otro estado a cantar en una funeraria, con todos los gastos pagados, me dijo.

Le pregunté que si también iba de gira a PR y me contestó.... no chico, pa' qué si allá nadie paga.... son unos miserables...chacho son demasiado de macetas... cuando le pregunté el porqué, me contó una anécdota sobre un pastor, su mujer y su iglesia...mano' la última vez que fui, todo fue un desastre...empezando con los boletos, los pagué yo, de mi bolsillo, confiando que me pagarían y el pago u ofrenda cubriría los gastos de los boletos.

¡Pero nada que ver, nada en absoluto! Para colmo, cuando le pedí la ofrenda me dijeron que pensaron que era regalo para la iglesia y me ofrecieron una bolsa de mangoes mayagüesanos, le reclamé, entonces de la nada la esposa del pastor arrojó un billete de cien dolares al piso diciendo.... disculpa, se me cayó, acaso no te puedes doblar.

Una vez me encontraba con uno de mis exnovio, en el apartamento de su hermana, cuando entra su madre (mi ex suegra) anunciando que acababa de demandar a la escuela elemental en la cual trabajaba como guardia de seguridad. Comenzó a fingir un dolor en su espalda baja, mientras se sujetaba con sus dos manos la espalda baja.

Y confesó que se había caído por las escaleras de su casa, pero fingió caerse en las de su trabajo. Explicó cómo se acercó al frente de las cámaras, que ella como guardia ya conocía a perfección su ubicación, e hizo su mejor actuación. Gritó como loca desquiciada, se mantuvo en el suelo por unos segundos al pies de las escaleras, se incorporó lentamente y frotándose de camino hacia la oficina en donde lloró y con voz temblorosa explicó todo el drama.

Disculpen, no hice la introducción debida de esta "alma en pena". Pues bien; ésta señora es católica, apostólica, romana, e idólatra y llegó a tener la osadía de orar por su hijo (que fue mi novio), por supuesto en el nombre de la sagrada virgen María, mientras que lo golpeaba, con su biblia, en la cabeza, como si pudiera exorcizarlo. Lamentablemente, parece ser que no funcionó, sino que empeoró su condición al caer en el vicio del "crack" y la heroína.

Por otro lado, éste pastor de una mega iglesia, que tenía un show en la TV puertorriqueña, se dedicaba a predicar sobre la prosperidad, bienestar y equilibrio sexual. Si fuéramos a medir la intensidad con la que hablaba sobre cada tema sería así: Prosperidad 75%, Bienestar 10%, Equilibrio Sexual 12%, sobre el sacrificio de su señor "Jesús" 3%.

Siempre, en todas sus prédicas llevaba acabo un "standup comedy", en el cual se burlaba de las relaciones homosexuales. Y aunque yo asistía a la iglesia Discípulos de Cristo en ese entonces, no soportaba sus chistes homofóbicos y denigrante, y desistí de verlos. Por cierto, todas las demás sectas Cristianas/católicas lo juzgaban de avaro.

Sin embargo, este pastor no era más avaro que adúltero. Sí, exactamente, además de todo el dinero que le robó a sus feligreses, le robó la dignidad a su familia, se acostaba con la secretaria de su imperio religioso. Osea, que mientras juzgaba y se burlaba de nosotros, se estaba comiendo a la secretaria. En otras palabras; ¡Se estaba curando en salud! Al juzgar a los gays, despistaba a los demás de su pecado. Sí, esa es la mala costumbre de la mayoría delos cristianos/católicos y los católicos/cristianos.

Otra experiencia, con una cristiana/católica, me tomó desprevenido, y me dejó anonadado, estupefacto, petrificado y patidifuso. No porque ella lo había premeditado, sino porque expresó sus verdaderos colores. Estoy seguro que ella me ama, no dudo de ese hecho! Y posiblemente, fueron las ideas y prédicas que por siglos mantienen predicando los ministros en los escenarios de gala que ellos edifican para engañar con palabras ilusorias a sus súbditos; además de difamarnos hablando de nosotros despectivamente.

El echo es que mientras le estaba contando, con enorme emoción y alegría, el encuentro que tuve con un chico que conocí en las redes sociales, y después de habernos comunicado por casi un año; lo hermoso de nuestro encuentro. Y mientras le detallaba sobre su manera de ser, le informe que el chico era un cantante en su iglesia Pentecostal; lo cual causó en ella un desconcierto espiritual. Y exclamó con disgusto y desprecio la siguiente expresión: ¡El señor reprenda al diablo!

También conocí, personalmente a una cristiana/católica que parecía ser muy feliz, además de próspera, junto a su marido y su hija. Ciertamente tenían los mejores carros, las mejores vestimentas, los mejores perfumes de moda. Aunque no eran ricos, lucían y se manejaban como tal. En otras palabras eran exquisitos en todo, menos en la fidelidad que se prometieron frente al "altar de su dios".

Él trabajaba dos horarios, para mantener a la familia y las apariencias. Aunque él era ateo se comportaba como un alma de Dios, dando a los necesitados y muy sociable, tratando a todos con respeto y amabilidad. tremendo ser humano; no he conocido cristiano/católico igual. Parecía tener solo un defecto, trabajar demasiado y no atender a su esposa en la cama.

Y a ella le parecía no tener otra opción, además del divorcio, que serle infiel a su marido.

No por ello dejó de ir a la iglesia, sino que llegó a convencer a su marido de acompañarla a la iglesia que asistía. Pero el macho cabrío no cambió en absoluto; como si tuviera alguna amante en la calle. Ella continuó en la iglesia y encontrándose con otros para satisfacer su apetito sexual y llenar el espacio que su marido dejaba vacío.

Finalmente se divorciaron, él se volvió a casar con su amante un mes después del divorcio; ella sigue yendo a la misma iglesia, y encontrándose con nuevos amantes, a pesar de tener un nuevo compromiso. ¡Amén!

Una vez una amiga me mostró los mensajes que le enviaba este macho cabrío, Cristiano/Católico, los cuales leían algo así; …. hola muñeca cómo estás… qué tal si nos encontramos en el mismo lugar de la última vez…tengo una chica que quiere conocerte… es que le hablé de ti…are you down for a threesome tonight?

Quien preguntaba e invitaba a mi amiga era todo un ministro de su "Jesús". Era, o aún es, el predicador de una página en donde el expone las más fogosas predicas sobre su dios. Por cierto, guapísimo y musculoso.

El siguiente versículo lo interpretan las distintas sectas, cristianas/católicas, de distintas maneras; y al igual que ellos yo expondré mi interpretación.

Siempre, desde la primera vez que leí este versículo en la biblia, me causó perplejidad pero ya entiendo, pues después de tanto estudiar y analizar la historia sangrienta por las masacres que infligieron en los mártires "no cristianos", con espadas y armas asesinando a todos los que se negaban a aceptar a su señor"Jesucristo" a la fuerza.

Pude deducir, basado en la historia de la iglesia, (que usted también puede analizar y llegar a sus propias conclusiones) que los cristianos/católicos fueron perseguidos y martirizados un tiempo, pero luego que obtuvieron el respaldo y la aprobación de los Reyes de la tierra, se convirtieron en los Perseguidores. Y desataron toda su maldad y su idea de superioridad en el único nombre "grecorromano, de Jesús".

Y desde Constantino, se ha ido repitiendo la misma acción siglo tras siglo, ellos se unen a los gobiernos de esta tierra eligiendo reyes que protejan sus derechos humanos, mientras pisotean los de sus prójimos, esto continúa siendo así hasta hoy día y después de Constantino, de Adolfo Hitler, hoy es Donald Trump.

—Sabías que la población de Alemania, en los años durante el régimen de Hitler, era aproximadamente 98% cristianos/católicos y aproximadamente.
un 2% de judíos.—

En concluidas cuentas, la razón por la cual solo unos pocos serán escogidos es obvia, existe más intereses de defender su reino totalitario y su equilibrio sexual entre los cristianos/católicos, que amor por el prójimo. Además de que la Iglesia católica/cristiana o la iglesia cristiana/católica tienen un propósito de ser; el elegir al Anti-mesías, y al falso profeta y llevarlos al poder; tal y como eligieron al macho cabrío de Donald Trump y a sus secuaces.

¡Los cristianos/católicos y los judíos conocen la historia pero No El Nombre, Lo Postergan, como si el mismo no existiera o no tuviera valor!

Hoy día los cristianos y católicos (los cuales no son separables, aunque no se amen entre si mismos) son la religión con más adeptos mundialmente.

Católicos/cristianos: 2,500 millones de seguidores
Judaísmo: 15 millones

«Porque muchos son llamados, pero pocos son escogidos» (Mt 22:14).

Teoría Conspiradora
Síntesis
Capítulo 19

Quiero finalizar con esta profecía y dejarle el resto al tiempo de, YAH, el cual tiene la Verdad a Su Mano Derecha, Yeshúa; Y Quien conoce la sazón de los tiempos.

Punto y aparte: se enteraron (06/24/2025) como el macho cabrío y déspota de presidente, Donald Trump, dirigiéndose al mundo entero, hablo sucio sin considerar a los niñ@s sin darle ejemplo de camaradería. Y aún así los cristianos/católicos lo apoyan incondicionalmente, como hicieron con Hitler.

De igual manera en que ellos eligieron a un "rey"

Todo comenzó así, con una verdad a medias:

El satán engañó a Eva y Eva engañó a Adán, con una verdad torcida, pero creíble.

YAH, probó a Abraham con su hijo, solo para saber cuán disponible estaba él para sacrificar lo que más adoraba, a su hijo.

YAH, reinaba sobre Su pueblo y les hablaba mediante Sus profetas.

Su pueblo se reveló contra Él, y le exigieron un rey como los demás. YAH, les concedió su capricho.

Y escogieron a Saul, quien era como los demás reyes de la tierra, injusto y altivo; éste mató a sus sacerdotes, para enviarle un mensaje de advertencia a su contrincante, David.

David mató a su general de batallas de su ejército para quedarse con la esposa del mismo.

Salomon, el hijo de David, construyó la primera casa para la adoración del Altísimo. Pero en el mismo templo adoró a los dioses de sus esposas, y lo profanó.

El profeta de, YAH, Isaías avisó que vendría la restauración y la salvación para Su pueblo, mediante Su Mesías e Hijo. Y que éste sufriría el desprecio de su pueblo y sería condenado a muerte y al tercer día resucitaría de entre los muertos. Y luego de unos tiempos regresará y Él mismo reinará mundialmente.

YAH, provocó su ceguera (la de Israel) para que Su plan de salvación mundial no fuera interrumpido. Y así extender Su sacrificio y salvación a todos los hombres. Incluyendo a ti y a mi.

Llegó Su Hijo, y Lo nombró YESHÚA, dándole así el Nombre que es Sobre Todo nombre; vivió entre los hombres como todo un varón hebreo practicante de la religión judía.

Yeshúa, instruyó a doce varones judíos para que fueran por todo el mundo, primero a los judíos y luego a los demás, y compartir las buenas nuevas.

Éstos cumplieron con la encomienda de Yeshúa. Fueron primero a los escogidos hebreos y muchos se convirtieron y bautizaron en su Nombre (Yeshúa) y se añadieron a los discípulos. Luego fueron perseguidos y esparcidos por todos lados.

Después de la persecución y de haber sido marginados por los mismos suyos se vieron en la necesidad de crear sus propias sinagogas en donde adoraban a Yeshúa como su Mesías.

Pero llegaron los gentiles y crearon su religión y sus propias iglesias, cambiando las fiestas, las costumbres y los Nombres.

La Iglesia fue fundada con el propósito de alcanzar las masas o la mayor parte de adeptos mundialmente. Y ell@s mismos elegir al falso profeta y el anti-Mesías, para entonces subyugar a tod@s, embelesarlos y finalmente componer el ejército que peleará contra El Cordero.

Éstos crearon una reforma para determinar cuál teología sobre "Dios", sería la más conveniente, para así separarse de las prácticas y apariencias de judíos.

Bajo el mando y dominio de el emperador Constantino el Grande.

El Concilio de Nicea, también conocido como el Primer Concilio de Nicea, se celebró en el año 325 d.C. en la ciudad de Nicea, en la actual Turquía. Fue convocado por el emperador romano Constantino el Grande y reunió a 318 obisposcon el objetivo de resolver controversias teológicas

Más tarde formaron más conflictos entre ellos mismos, y la iglesia Universal se desintegraba hasta que, para recuperar feligreses, comenzaron las casas de brujas para someter a tod@s los que se oponían y obligarlos a aceptar el cristianismo.

Con espada en mano fueron a predicar el evangelio de "Jesucristo", el grecorromano e impostor. Sus secuaces, Los Cruzados. Mataron a judíos además de musulmanes, mujeres, que acusaban de brujas, y a homosexuales.

Ellos interpretaron el mensaje de Mateo 10:34 literalmente; **34 No penséis que he venido para traer paz a la tierra; no he venido para traer paz, sino espada.**

Yeshúa, hablaba en parábolas y usaba términos de guerra, guerra espiritual como en:

Efesio 6:17 y 6:12

17 Y tomad el yelmo de la salvación, y la espada del Espíritu, que es la palabra de Dios;

Efesio 6:12
12 Porque no tenemos lucha contra sangre y carne, sino contra principados, contra potestades, contra los gobernadores de las tinieblas de este siglo, contra huestes espirituales de maldad en las regiones celestes.

La reina Isabela, Católica, de España aprovechó la oferta y la necesidad de Cristóbal Colón para deshacerse de los judíos sefardí en su imperio católico; y con la excusa de una mejor vida para estos, los envió a morir en las Américas recién descubiertas. Perdón, los usó como conejillos de India.

Más adelante envió un ejército imperial y otro de monjes, curas y misioneros para evangelizar a los nativos y a los sefardíes para convertirlos al catolicismo a las malas. La persecución aún no había terminado para los inocentes por parte de "La iglesia", que tenía en mente ser Universal, junto al gobierno que fuera, para subyugar las mentes y corazones en el nombre de su dios "Jesucristo". El rubio de ojos azules grecorromano, que nació el día 25 de diciembre, el mismísimo día en que nació el hijo del dios sol.

Mitra, dios del sol, nació el 25 de Diciembre, día del solsticio de invierno.

Los misioneros católicos/cristianos crearon la alucinante idea, de decorar árboles con luces, y así adorar a Acera. Hoy día tod@s adoran al árbol, "en el natalicio de Jesucristo", mientras hacen caso omiso del nacimiento.

No plantarán ningún tipo de árbol como poste sagrado junto al altar de YAH, su Elohim, que ustedes hagan para sí mismos.
Deuteronomio 16:21

Muchos me dirán en aquel día: Señor, Señor, ¿no profetizamos en tu nombre, y en tu nombre echamos fuera demonios, y en tu nombre hicimos muchos milagros? Y entonces les declararé: Nunca os conocí; apartaos de mí, hacedores de maldad.
(Mt 7:22 y 23)
¡No hay peor ciego que el que no quiere ver!

Confesiones
Capítulo 20

Mientras escribía este libro sobre mi vida, mis debilidades, mis pecados y mi Fe, el mismísimo satán anduvo zarandeándome.

Lamentablemente me dejé llevar por las apariencias, además de la fragilidad de mi carne y los años que habían transcurrido sin sentir a un macho cabrío en mi piel y susurrándome mentiras a mis odios.

Les confieso que todo fue mi culpa, pues viendo la piel del guineo maduro y vacía en el suelo fui y planté el pies sobre ella y me resbalé. Por supuesto que no toda la culpa recae sobre mí, sino que él también tiene su culpa.

Sin embargo él tiene que lidiar con su culpa, eso es, si él tiene alguna conciencia; y yo con la mía, lo cual estoy haciendo. Precisamente, al confesarme con ustedes me libero de toda culpa y me comprometo a vivir como un atalaya en vigilia, alerta, para que satán no me tome desapercibido de nuevo.

Confesaos vuestras ofensas unos a otros, y orad unos por otros, para que seáis sanados. La oración eficaz del justo puede mucho. Elías era hombre sujeto a pasiones semejantes a las nuestras, y oró

fervientemente para que no lloviese, y no llovió sobre la tierra por tres años y seis meses.
Santiago 5:16-18

Sed de espíritu sobrio, estad alerta. Vuestro adversario, el diablo, anda al acecho como león rugiente, buscando a quien devorar.
I Pedro 5:8

Volviendo al tema: él fue lo más lindo que conocí por la aplicación de Messenger y el único que conocí en persona "face 2 face".

Después de aproximadamente un año de haberlo conocido, aunque no hablábamos a menudo, pero ya había conocido su modo de ser y costumbres atreves de fb, en donde lo veía manifestar toda su hermosa apariencia.

Alto, aproximadamente. 5'11", de piel acaramelada, ojos color castaño, cuerpo atlético, con tatuajes en sus brazos, manos pesadas y holgadas, piernas monumentales, de nariz perfilada con una pequeña hendidura entre la punta nasal y el lóbulo, y hoyuelos en ambos extremos de sus carnosos labios.

La primera vez que nos encontramos fue comunal, y después de invitarme a su juego de voleibol, en Dorado, al cual yo no pude asistir, me persuadió a encontrarlo en un estacionamiento de Plaza Caribe mall, en Vega Alta, con una mentira; a su madre se le fue la luz de su casa y lo necesitaba de emergencia para que le prendiera la planta de luz.

En realidad esa fue la excusa que le dio a sus compañeros de equipo, y a mí. Sin embargo estuvimos compenetrándonos por 2 horas y un poco más. De esos detalles descubrí dos fallas de él, era capaz de usar a su madre al mentir y persuadir con mentiras a cualquiera para obtener y satisfacer su instinto sexual.

Recuerdo que al llegar al estacionamiento de "Church's Fried Chicken", me bajé de mi carro rentado, vestido de camisa de hilo color crema y mahones color crema, collar de perlas con su brazalete igual, zapatos Crocs en blanco; y él vestido con su uniforme de juego de voleibol en "shorts", color negro.

Al acercarme a su "SUV" negro, marca Jeep, no podía descifrar su rostro pues la capota de su carro interrumpía la vista, por causa de su altura y el ángulo de mi ubicación; hasta que abrí la puerta de su carro y lo ví en su totalidad. Y pude asimilar su altura, su linda cara, los tatuajes en sus brazos y su hermosa piel bronceada como la de un taíno.

Su voz sensual me produjo confianza y bienestar, de tal manera que pude ser yo mismo, y sin fingir le reclamé el beso que me ofreció por mensaje de audio. Su personalidad era muy placentera y encantadora, tanto como para acércame y darle el beso.

Fue espectacular, sentir sus manos sobre mi rostro, cabeza y cuello, en acaricias sin freno ni vergüenza, como si lo hubiera ensayado minutos antes de vernos. Como si me hubiese soñado por largo tiempo, como si todo lo que importaba era mi existencia y el sabor de mi boca y de mi piel. Por supuesto que yo le respondía con gran euforia y sin tapujos.

Hasta que se apropió de mi ser, de mi carne y mi dignidad, en otras palabras, se apropió de lo que a mí me parece que me identifica como un objeto sexual; extendió su mano derecha sobre mi abdomen y ubicando su mano izquierda sobre mi miembro viril, y acariciándolo lo adoró con sus labios y sumergió en el cáliz de su boca toda mi masculinidad.

Y pecamos los dos, empapados de lujuria, lasivía y placer. Pareciera haber sido su primera vez adorando un pene sin antecedentes, sin haber visto alguno como el mío anteriormente. Sin embargo actuamos como adolescentes, como si hubiese sido nuestra primera vez, hasta cohibirnos de ir más allá de él sexo oral. Como si no hubiéramos querido entorpecer las etapas del amor.

Él cristiano y yo mesiánico, cuan dos fornicarios antojados de serle piedra de tropiezo el uno al otro. Ignorando así, nuestros principios, nuestras diferencias, nuestra dignidad, nuestro orgullo, poniendo en peligro nuestra salvación; la suya en

Cristo y la mía en Yeshúa. ¿Y ahora qué hago? ¿Arrepentirme y ya? ¿Qué dice la biblia sobre esto?

¿Será que tiro la toalla y me doy a vivir una vida fornicando y llevándome a todos los que se ofrezcan por el medio? ¡De ninguna manera! ¡Reprendo a satán, en el Nombre de Yeshúa!

1 Yochanan 2

Mis hijos pequeños, les escribo estas cosas para que no puedan pecar. Si alguien peca, tenemos un Consejero con el Padre, Yeshúa el Mesías, el justo.

Opté por pedirle perdón y así desprenderme de mi culpa y de la falsa ilusión que yo mismo forjé de él; ésta fue mi confesión:

Hola, Miguel Ángel! ¡Siento muchísimo el que yo te haya dado tan mala impresión! ¡Parece ser que desde que nos conocimos te di la impresión de estar interesado solo en sexo! ¡Pero nunca fue así, yo quise amarte, además de entregarte todo mi ser, mi cuerpo, mis caricias, mis sentimientos, mi corazón, y mis besos! ¡Hasta estuve apunto de entregarte mi alma, pero mi alma ya tiene dueño, Yeshúa el Mesías! Y sólo por Él, terminaré esto, que solo me sabe a sexo! ¡Y antes de eliminarte de mis contactos, a pesar de lo lindo que eres, te pido perdón por haberte dado tan mala impresión! ¡Y esto lo hago, no por ti, sino por mi Señor, Yeshúa el Mesías!

(¡Quise amarte, NO sexualizarte!)

Y sencillamente, fría, e insensiblemente me contestó: "tanto drama".

Y lo elimine de todos lados, especialmente de mi corazón.

Parte II

Mi Defensa ante el Trono
¡Yo también tengo derecho a Creer!
Capítulo 21

Si existen miles de versiones, teologías, y dogmas cristianas/católicas sobre el mismo Dios; y las mismas se contradicen indiscriminadamente, a pesar de usar el mismo texto para refutarle a los demás su fe; yo también tengo derecho de creer y usar el mismo texto para defender mi teología, teoría y versión de la biblia.

Para mi defensa me gustaría exponer, como los demás, mi opinión o notas sobre los versículos que usaré para confirmar mi teoría sobre mi esperanza de salvación. Pero me niego rotundamente, pues caería en el error de añadir o quitarle valor y poder a "La Palabra" (Yeshúa) como lo han hecho los demás durante siglos.

¡NOTA ACLARATORIA!

No busco agradar a los hombres y mucho menos engañarlos. Solo pretendo compartir mi verdad y la Verdad de Los Sagrados Nombres; con la comunidad LGTBQ+. Este libro está dirigido a ell@s los débiles, marginados, inconscientes sobre la verdad, despreciados por "la iglesia", No para los cristianos/católicos.

Comenzaré mi defensa con éste versículo;

Isaías 56:3-5

Que el extranjero que se ha allegado a YAH, no diga: Ciertamente, YAH me separará de su pueblo. Ni diga el eunuco: He aquí, soy un árbol seco. Porque así dice YAH: A los eunucos que guardan mis días de reposo, escogen lo que me agrada y se mantienen firmes en mi pacto, les daré en mi casa y en mis muros un lugar, y un nombre mejor que el de hijos e hijas; les daré nombre eterno que nunca será borrado.

Para los hombres es imposible —aclaró Yeshúa, mirándolos fijamente—, pero no para Dios; de hecho, para Dios TODO es posible.
Marcos 10:27

Si alguien reconoce que Yeshúa es el Hijo de Dios, Dios permanece en él, y él en Dios.
1 Juan 4:15

Que, si confiesas con tu boca que Yeshúa es el Señor y crees en tu corazón que YAH lo levantó de entre los muertos, serás salvo.
Romanos 10:9

"Bienaventurados los perseguidos por causa de la justicia, porque de ellos es el reino de los cielos".
Mateo 5:12

En verdad, en verdad os digo: el que oye mi palabra y cree al que me ha enviado tiene vida eterna. No entra en juicio, sino que ha pasado de la muerte a la vida".
Juan 5:24

"Porque tanto amó YAH al mundo que dio a su Hijo unigénito, para que TODO el que crea en Él no perezca, sino que tenga vida eterna". Juan 3:16

"Porque el Hijo del Hombre vino a buscar y a salvar a los perdidos".
Lucas 19:10

Pide y se te dará: busca y hallarás; llama y te abrirán. Porque CUALQUIERA que pide, recibe; y el que busca halla; y al que llama, se le abrirá.
Mateo 7:7-8

Y todo lo que pidieres al Padre en Mi Nombre, lo haré, para que el Padre sea glorificado en el Hijo. Si algo pidieres en Mi Nombre, Yo lo haré.
Juan 14:13-14

Entonces respondiendo Yeshúa, les dijo: ERRÁIS, ignorando las escrituras y el Poder de YAH. Porque en la resurrección no se casarán ni se darán en casamientos, sino serán como los ángeles de YAH, en el cielo.
Mateo 22:29,30

Y le respondió: Yo haré pasar todo mi bien delante de tu rostro, y proclamaré el Nombre de, YAH delante de ti; y Tendré Misericordia del que Tendré Misericordia, y Seré Clemente para con el que Seré Clemente,
Éxodos 33:19

Y TODO el que invoque el nombre de Yeshúa será salvo".
Hechos 2:21

TODO LO que el Padre me da, vendrá a mí; y al que a mí viene, no le echo fuera.
Juan 6:37

¿Por qué te abates, oh alma mía,
Y por qué te turbas dentro de mí?
Espera en Dios; porque aún he de alabarle,
Salvación mía y Dios mío.
Salmo 42:11

Mi escondedero y mi escudo eres Tú;
En tu palabra he esperado.
Salmo 119:114

Encamíname en tu verdad, y enséñame,
Porque tú eres el Dios de mi salvación;
En ti he esperado todo el día.
Salmo 25:5

Esperé yo a YAH, esperó mi alma;

En su palabra he esperado.
Salmo 130:5

Alma mía, en Dios solamente reposa,
Porque de Él es mi esperanza.
Salmo 62:5

Venid a mí TODOS los que estáis trabajados y cargados, y yo os haré descansar.
Mateo 11:28

Pues hay eunucos que nacieron así del vientre de su madre, y hay eunucos que son hechos eunucos por los hombres, y hay eunucos que a sí mismos se hicieron eunucos por causa del reino de los cielos. El que sea capaz de recibir esto, que lo reciba.
Mateo 19:12

eunuco

1. m. despect. Hombre poco viril, afeminado.

He aquí, yo estoy a la puerta y llamo; si alguno oye mi voz y abre la puerta, entraré a él, y cenaré con él, y él conmigo.
Apocalipsis 3:20

TODO aquel que reconozca que Yeshúa es el Hijo de YAH, YAH permanece unido con El, y El con YAH.
También hemos llegado a conocer y confiar en el amor que YAH tiene para nosotros. YAH es amor; y todos los que permanecen en este amor, permanecen unidos con YAH, y YAH permanece unido con ellos.
I Juan 4:15,16

¿Quién nos separará del amor del Mesías? ¿Tribulación, o angustia, o persecución, o hambre, o desnudez, o peligro, o espada?

Por lo cual estoy seguro de que ni la muerte, ni la vida, ni ángeles, ni principados, ni potestades, ni lo presente, ni lo por venir, ni lo alto, ni lo profundo, ni ninguna otra cosa creada nos podrá separar del amor de Dios, que es en nuestro Señor, Yeshúa el Mesías.
Romanos 8:35, 38, 39

Mi Credo
La Palabra del Ser de YAH mismo
Capítulo 22

La sabiduría comienza por honrar a YAH; conocer al Santísimo es tener inteligencia.
Proverbios 9:10
Así será a tu alma el conocimiento de la sabiduría;
Si la hallares tendrás recompensa,
Y al fin tu esperanza no será cortada.
Proverbios 24:14

La vida te será más clara que el mediodía;
Aunque oscureciere, será como la mañana.
Tendrás confianza, porque hay esperanza;
Mirarás alrededor, y dormirás seguro.
Te acostarás, y no habrá quien te espante;
Y muchos suplicarán tu favor.
Job 11:17-19

Creo en el Único Dios, que se dió a conocer a los antiguos por Su Propio Nombre, YHVH.

Creo que Su Hijo es Su Palabra que salió de ÉL, y vino al mundo para darse a conocer; ya que otros silenciaron Su Nombre y su propósito de salvación para tod@s en el mundo físico y pecaminoso.

Creo que Yeshúa no es un ente aparte de YAH, sino El mismísimo YAH manifestado en materia humana;

ya que ningún arcángel podría amar tanto al mundo como para entregarse en sacrificio y salvarlo. ¡Solo Él!

Creo que Yeshúa fue un humano en todo el sentido de la palabra; nacido de una mujer, Miriam, por el Poder de YAH, Su mismísimo Espíritu que tiene Todo el Poder para Ser y hacer como el Quiera Ser y hacer.

Creo en Su Sagrado Nombre, YHVH, el cual no puede ser cambiando, traducido, ni se le añaden vocales y no es pronunciado de una manera simple ni lógica.

Creo en Su Sagrado Nombre que le dio a Su Hijo (Su Palabra, El Verbo, La Verdad, La Vida, El Único Camino), YESHÚA; que al igual que Su Sagrado Nombre, no puede ser cambiado ni traducido, sólo transliterado desde su raíz en arameo hebreo; no de los idioma grecorromano.

Creo que en el Concilio de Nicea, existió un complot de satán para desviar, torcer, hipnotizar, embrujar, hechizar, conjurar, aojar a tod@s los que pudieran, en especial a los pobres.

Creo que esta nueva religión Universal (Católica/Cristiana) le fue permitido establecerse con el propósito de preparar el camino para el falso profeta, el anti-Mesías y la bestia.

Creo en la resurrección de los muertos tal y como lo explicó, Yeshúa. Y que cuando sean o seamos resucitados ya no habrán matrimonios válidos que sigan siendo eternos en los cielos. Y mucho menos identidades de géneros ni sexuales.

Creo que, Yeshúa dio Su Vida por la mía, para que yo no sufriera el dolor, ni la angustia, ni la vergüenza de mis pecados, ni morir, en un madero como lo merecía; por causa de mis abominaciones.

Creo que el pecado de mi homosexualidad era evidente, al cometer actos sexuales sin amor ni compromiso, con aquellos varones que al igual que yo, cometíamos actos abominables. Ensayando actos despreciables, entre orgías, de tríos con desconocidos, confiados hasta la necedad. Entre fornicación, el adulterio, la pasión desenfrenada y la idolatría del sexo.

Creo que para poder ver La Verdad y recibir redención por parte del Sacrificio de Dios Mismo, (porque solo Su Santidad tiene el Poder para hacerlo) yo debo arrepentirme de haber hecho todo lo anterior y no volver a repetirlo. Aunque sigo siendo homosexual.

Creo en la prueba indiscutible, precisa e irrefutable de la Resurrección del Mesías Yeshúa, que fue plasmada en La Sabana Santa. Pues estas muestran las mismas llagas que mencionan los evangelios; las marcas de la corona de espinas sobre Su frente, la marca en Su costado traspasado, las marcas de Su espalda flagelada por el látigo, Sus muñecas traspasadas por los clavos y sus pies hoyados por otro clavo.

Creo en todo lo que El Santo de Israel dijo a través de Su Palabra, el Verbo, Yeshúa el Mesías y en el Poder de Su Mismísimo Espíritu, no otro ser aparte de ninguna manera imaginable.

Creo en Un solo Dios, YHVH. E indiferentemente creo en Su mismísima y máxima expresión de Amor, en YESHÚA (el hijo del hombre) Dios, después de la Resurrección cuando Su propio Espíritu se reintegró dentro de Él en la Gloria de YAH. Yeshúa, es La Gloria de YAH.

Su Gloria cubrió los cielos,
Y la tierra se llenó de su alabanza.
Y el resplandor fue como la luz;
Rayos brillantes salían de Su mano,
Y allí estaba escondido su Poder.
Habacuc 3:3-4

Creo que a pesar de ser homosexual/eunuco, si someto voluntariamente las pasiones de mi carne y venzo, amo, perdono la peor injusticia de los hombres asía mi persona, es porque tengo amor y soy de YAH, porque solo de YAH proviene el amor.

Amados, amémonos unos a otros; porque el amor es de, YAH. Todo aquel que ama, es nacido de YAH, y conoce a, YAH.

1 Juan 4:7

Creo que lo que me podría separa a mi de, YAH es la falta de AMOR. El Amor de, YAH se sobrepone a la peor vileza humana, incluyendo lo que fue mi abominación sexual, antes de conocer **La Verdad de la Resurrección.**

Creo que no importa cuánto yo haga o deje de hacer, yo mismo no me salvaré. Solo Su Inmerecida misericordia sobre Inmerecida misericordia, mostrada en el madero, me salvó. Por supuesto, que le conviene a mi alma amar hasta al más vil pecador, abstenerme de la idolatría al sexo u otra cosa creada, del odio, y de todo lo que me acuse la conciencia.

Creo que, YAH, en Su inmerecida misericordia sobre inmerecida misericordia le da a su creación una última oportunidad para reconciliarnos con ÉL en el momento de post mortem.

La actividad cerebral post mortem, según estudios recientes, puede persistir hasta siete minutos tras el fallecimiento. Esto indica un margen de tiempo donde ciertas funciones neuronales aún se mantienen. La investigación en este campo continúa revelando datos fascinantes sobre el proceso de la muerte.

Creo que nadie va, después de morir, directamente al cielo ni al infierno. Sino que todos los muertos descansan en paz hasta el día de la resurrección o el día del juicio final. Con excepción de Enoc, Elías, "Moisés" y el ladrón que murió al lado de Yeshúa el Mesías.

Creo, por fe, que cualquier humano de cualquier religión, incluyendo a los agnóstic@s o ate@s puede ser salvo, esto es si es capaz de amar, (no solo a sus familiares, amistades y vecinos) a su peor enemigo o al más vil pecador. Ya que el mismísimo Amor lo dirigirá a la Verdadera y Única Fuente del Sublime e Insondable Amor, YHVH.

¡Yo Creo, en Yeshúa el Mesías! ¿Y tú, en quien has creído?

Porque hay un solo Dios y un solo mediador entre Dios y los hombres, Yeshúa el mesías, humano.
I Timoteo 2:5

Capítulo 23
"Los Pocos Justos"

En mi pasada vida, o sea en el pasado hasta el presente, desde que tengo uso de conciencia he buscado y he analizado los muchos caminos, que parecen llevar a Dios. Y todos tienen algo en común; tod@s juran y perjuran que ellos tienen "La verdad absoluta en sus manos".

A pesar de las irónicas injusticias de un 98% de los cristianos/católicos, existen algunas excepciones entre los cristianos y les contaré algunas anécdotas que ensayé con algunos de ell@s.

Una vez, mientras hablaba sobre mi preferencia sexual y mi fe en Dios, con una amiga, ella me dijo...querido yo he aprendido sobre las prohibiciones a los gays en la biblia, pero creo que si tienes un corazón limpio y no le haces daño a tu prójimo, estarás bien.

Recuerdo a esta otra amiga, pentecostés, que parecía ser súper estricta en su fe; sin embargo a mi me ha mostrado un cariño y afecto de hermanos. Por cierto, su difunto hermano era mi mejor amigo gay, pero sucumbió a la idea del dicho que repetía constantemente...

"De algo tenemos que morir", hasta que murió de sida. Quizás, en memoria de su hermano, ella me trata a mí como lo trataría a él.

De todas maneras, ella y yo nos apoyábamos en todo lo que necesitáramos y nunca me juzgó ni me ha despreciado. Inclusive cuando ella prescindía de un lugar para descansar, y después de que su otro hermano cristiano la echara de su casa, yo pude socorrerla. ¡A, YAH sea la gloria! Un día cuando ya estaba lista para mudarse de mi casa, se le ocurrió regalarme su auto, un Mitsubishi Diamante, el cual fue destruido por el huracán María cuando pasó por la isla.

Ella, me trata como un hermano en "Cristo" y yo a ella como una hermana de sangre. Y mis hermanas de sangre (cristianas) me tratan como una alma perdida y se la pasan orando para que yo conozca a una mujer y me entregue a su dios.

Conocí a esta señora, amiga de mi madre; que fue una mujer de espíritu libertino, escandalosa, e indomable pero sociable y generosa con tod@s en nuestro barrio. Luego de su conversión al cristianismo, (Discípulo de Cristo) mostraba un cambio dé personalidad y de costumbres beneficiosa para ella.

Sin embargo una vez, entre tantas visitas que le hacía, me pidió la oración por causa de las vicisitudes que experimentaba y oramos por fortaleza para su alma.

Ya ella estaba enterada de que yo me congregaba en una iglesia de "Puertas Abiertas" y mi pastores eran gays. Y aún así me pidió que los invitara a su casa. Desde entonces no la trato como cristiana, sino como un alma de, YAH, llena de amor, bondad y justicia.

Ésta otra, Pentecostés, a quien conocí en la iglesia a la que asistí con mi hermana mayor, cuando adolescente; en donde la presidenta de los jóvenes me puso en disciplina por tener mi barba crecida y yo me sometí a sus exigencias. En donde ella (la pentecostés) era la voz dirigente en cada canción y servicio de campañas.

Su voz era, además de hermosa y angelical, conmovedora y espiritual. También era grata y cariñosa. ¡Un hermoso ser!

Un día domingo, el pastor gay de la iglesia (de puertas abiertas) a la que yo asistía, anunció la visita de una gran cantante; y era ella, lo cual me causó una gran emoción hasta llorar durante parte de su exposición. Seguramente ella creyó en la parábola de "las otras ovejas del otro rebaño" y nos consideró en su corazón.

—¡Esto era puro Amor y Justicia de,YAH!—

Se la diferencia entre el bien y el mal, por ende pude descifrar la maldad y la injusticia que practican todas estas religiones. Y como intercambiaron el propósito de salvar al mundo por el de subyugar a las masas; la Iglesia junto a los gobernantes de las naciones.

Ven acá, y te mostraré la sentencia contra la gran ramera, la que está sentada sobre muchas aguas; con la cual han fornicado los gobernantes de la tierra, y los moradores de la tierra se han embriagado con el vino de su fornicación.
Apocalipsis 17:1-2

Con este mismo versículo los Cristianos acusan a su Iglesia Madre, La Católica. Pero ellos son parte o iguales a ésta Religión. Los Cristianos/Católicos han y siguen fornicando con los gobernantes de esta tierra.

Por ejemplo:
El Papa XII y Adolf Hitler; y toda la población de Alemania, católica/cristiana y los cristianos/católicos callaron y se hicieron de la vista larga. Hoy día lo mismo practican junto a su gobernante, Donald Trump.

Injusticia: ni los cristianos de toda Europa, ni los de EUA intervinieron para salvar a los judíos, los inválidos, los africanos, los gitanos y mucho menos a los homosexuales.

(La mujer) Paula White Cain, Donald Trump y los cristianos/católicos de EUA se unieron en una sola fe, (coalición) para añadirle derechos a los cristianos, mientras le arrebatan los derechos a los demás humanos.

La razón primordial por la cual eligieron a éste ser, para presidente, fue para subyugar, oprimir y arrebatarle derechos a la comunidad gay y los derechos de las mujeres.

La ironía de la fe cristiana es querer ser libre para adorar a su dios, mientras nos arrebatan el mismísimo don de Dios, el libre albedrío que nos permite elegir entre ÉL y el mal. Aún los mismos ángeles tienen este derecho de elección, dado por el Justo, YAH.

Capítulo 24
Los Medios, Para Pecar
"Sin remordimiento"
Y Sin Contagio

La vida es rica y llena de opciones para servir a YAH: amar al que no lo merece, hacer el bien "Sin mirar a quién", compartir tus bienes, perdonar sin guardar rencor.

Y orar por los gobernantes incompetentes y tiránicos, por las víctimas del crimen y sus perpetradores, intercediendo en oración por tus familiares, amigos, vecinos, compañeros de trabajo, los que te odian (envidia), los indigentes, los ricos, los encarcelados, los enfermos, los mentirosos, los burlones, los violentos, los solitarios, los psicópatas, los violadores, los enfermos sexuales, los guerreros (incluidos los adictos al café, azúcar, cigarrillos, opioides, licor y comidas), los asesinos, los terroristas, los suicidas, los agnósticos, los ateos, los cristianos, los católicos, los judíos, los musulmanes, etc., etc.

16. Me regocijare siempre.
17. Reza sin cesar.
18. Da gracias en todo, porque esta es la voluntad de Dios en el Mesías Yeshúa hacia ti.
1 Tesalonicenses 5

Y si rezar te parece aburrido, podrías ocupar tu mente leyendo un libro, haciendo deportes, música, viajando, yendo de misiones a comunidades pobres, descansando en los días de reposo, visitando a familiares, amigos o extraños, compartiendo el diez por ciento de tus ganancias o tu salario, cantando a la vida, a las multitudes, y si quieres, a YAH. ¡Haz manualidades, incluso pinta una Mona Lisa, sin Lisa!

O si prefieres contradecir a, YAH, puedes elegir vivir de cualquier manera que te condenes a ti mismo. Hay millones de formas de vivir una vida deshonrosa, desviada, inadecuada, depravada y lujuriosa.

Por ejemplo; Hace mucho tiempo atrás, solíamos comprar películas de Jeff Stryker, revistas para adultos o juguetes sexuales y muchas otras cosas, pero teníamos que ir a la tienda o ordenar por teléfono. Además de los bares, "Video Stores para adultos" y burdeles, era muy confidencial, casi secreto, y las opciones eran pocas o difíciles de conseguir.

Hoy día es súper fácil practicar el sexo sin tapujos, en secreto y a todas horas, en las redes sociales. Por causa de ello, estoy experimentando una crisis sexológica, debatiendo sobre cómo deshacerme de los medios modernos que provocan mis pasiones. Habiendo logrado ya la capacidad de abstenerme del sexo personal y físico, lo cual me satisface y me libera.

Sin embargo, mi dilema actual es que, aunque he entrenado mi piel para vivir sin sentir, oler, escuchar susurros al oído, ser besado apasionadamente o ser penetrado por un macho cabrío, las redes todavía sirven de tropiezo.

Les confieso que, a pesar de haber dormido con tantos machos cabríos, desde los 12 años hasta ayer, los últimos machos cabrío/bisexuales que querían usarme como macho cabrío, intentaron seducirme y convencerme de que los penetrara; a pesar de haberles advertido que soy 100% pasivo y que nunca me ha gustado penetrar a ningún macho. Incluso exigí que no intentaran seducirme si no tenían un pene de más de 7 pulgadas y un grosor de al menos 2 pulgadas de diámetro.

¡Parece que nunca me escucharon! ¡Todo fue un desastre monumental! Ambos consumían drogas, lo que, además de ser perjudicial para su salud, era contraproducente para la ocasión. Hasta el punto de que nunca experimenté un orgasmo, mucho menos ellos. Las noches eran aburridas y molestas, las viví con angustia y conciencia. A pesar de todo, estos machos cabríos me dieron una idea: "de sacudirme de tantas relaciones vacías, sin amor y efímeras".

¡Todo este dilema me exaspera y me abruma! Sin embargo, parece que no hay salida ni escape del "cibersexo".

Todo comenzó con un saludo de un extraño en la aplicación de Facebook/Messenger. Cuando le respondí, me pareció muy interesante que alguien mostrara interés en mí a través de las redes sociales.

Fue la primera vez que un extraño me contacta en línea, lo que me fascinó. El hecho de que él estuviera en otro país y yo estuviera en mi cama me intrigó, y decidí dejar que las cosas fluyeran y ver hasta dónde llegábamos. Entre el intercambio de palabras subliminales, comenzamos el "cibersexo". ¡Lo cual me gustó, me satisfizo y me cautivó!

Especialmente después de lidiar con "Grindr" y recibir a un completo extraño, sumergido en total oscuridad, en mi estudio. Donde los ángeles caídos se manifestaron, a favor de la lujuria y la pasión, que ensayamos en la carne.

Incluso superé los baños públicos y las "tiendas de vídeo para adultos", donde vi películas X y me sumergí en un éxtasis de locura ilusoria, exposición deshonesta y efímera. En un cubículo con una pantalla para ver las películas, y con dos agujeros de 2" 1/2 pulgadas de diámetro cada uno, en las paredes laterales, ubicados en el centro de cada pared, con una altura de aproximadamente 3'. Todo esto en plena oscuridad, un ambiente antihigiénico y maloliente.

Volviendo al tema de las redes sociales, que me ataron en cautiverio, repetí mis encuentros ilusorios y expuse mis partes, como me lo pidieron y yo acepté voluntariamente. Con ellos y para ellos logré poses acrobáticas que nunca imaginé que sería capaz de hacer. Además de las fotos, que después de enviarlas me causaron vergüenza y terminé eliminándolas para ambas partes.

Me pareció que Lucifer mismo me tenía enredado en su cola y en sus mentiras. Llegué a creer las mentiras que me susurró al oído, diciéndome que esto no era malo en absoluto, que incluso era mejor que salir a la calle exponiendo mis virtudes. Sin peligros de contagio de enfermedades venéreas ni la culpa de fornicar.

—Nada podría estar más lejos de la verdad—

Aunque parezca lógico, privado y saludable para mi cuerpo. He luchado contra las huestes de ángeles caídos que se materializaron a través de las redes sociales como Messenger, Pinterest y, lo peor para mí, TikTok. En este último pude ver lo fácil que sería adorar al enemigo de mi alma: el "Compositor de música celestial", el dios de la tinieblas, etc.

No estoy diciendo que estas aplicaciones o redes sociales lo hagan a propósito, sino que sirven como un medio para infundir todo tipo de prácticas libertinas. En realidad, son los usuarios los que aprovechan el medio para exponer sus atributos. Y por supuesto, está en mí si elijo seguir el ritmo, o no, de la nueva moda. En cualquier caso, los aires están atestados de ángeles caídos y pueden manifestarse en todas partes del mundo físico.

12. ………. contra los gobernantes del mundo de las tinieblas de este tiempo, y contra las fuerzas espirituales del mal en los lugares celestiales.
Efesio 6

Una Fe Controvertida
El Adventista/cristiano/católico
Capítulo 25

Como había explicado anteriormente, la "fe" es innata en todo ser humano, ya sea varón, hembra, niñ@, el, ella, ell@s, nosotr@s o persona transexual. Tod@s necesitamos la fe para algo, ya sea por un objetivo establecido, un sueño, la salud, un examen estudiantil, un trabajo, la riqueza, etc. La fe te pertenece, solo cree y se te hará de acuerdo con la fuerza de tu fe. Puedes pedir y creer en cualquier nombre; a la virgen de Guadalupe, a José, María, Jesús, etc., etc.

51. Yeshúa le preguntó: "¿Qué quieres que haga por ti?". El ciego le dijo: "Rabboni, que vuelva a ver".

52. Yeshúa le dijo: "Ve por tu camino. Tu fe te ha hecho bien". Inmediatamente recibió su vista y siguió a Yeshúa en el camino.
Marcos 10

Es la misma fe mencionada en el libro "El secreto" de Rhonda Byrne, que cita a Yeshúa. No es casualidad que ella también tenga fe y la comparta con millones, es que es un regalo de YAH para tod@s. Esta fe, combinada con el derecho, igualmente innato en el ser humano, del libre albedrío, te permite creer en algo, en ti mismo o en alguien para conseguir lo que anhelas.

Es el poder de ver, escuchar o sentir lo que posiblemente se materializará si confías en que lo verás, palparás o escucharás y obtendrás. Esto se aplica a todo lo que existe en este mundo o en otra dimensión celestial. En otras palabras, el que busca encontrará, el que llama será correspondido, y el que cree, sin ninguna duda, será recompensado. No importa quién haga la petición o en nombre de quién la haga, se hará de acuerdo con el poder de su fe.

La fe es como el cáncer: todos la tenemos, aunque no todos la desarrollamos. Es importante comprender que el hecho de que una persona tenga éxito, se vuelva rica o millonaria, no significa que ame a YAH y se salve. La Biblia dice: "YAH, hace que el sol brille para todos el bueno y el malo".

La fe es como la radioterapia: salva a algunos y a otros no. El cristianismo, a pesar de haber sido inspirado por la biblia, carece de amor incondicional, de justicia, piedad, bondad, compasión, respeto, igualdad, y condena a aquellos que lo practican. Con excepción de las madres que independientemente de su religión, aman incondicionalmente a sus hij@s, aún la madre atea ama a sus hij@s, ellas son semejanzas de, YAH.

Esto significa que hay muchos llamados, pero pocos que conocen Su Sagrado Nombre.

La fe puede trasladar montañas en medio del mar, puede resucitar a una persona muerta, puede sanar y cambiar todo lo que quieras hasta el límite que determines. "¡Todo es posible si quieres creer!". ¡Incluso los ángeles caídos creen y tiemblan! ¡Y el propio Lucifer puede realizar milagros con la fe de los demás!

Lo mismo ocurre con un católico/cristiano o un cristiano/católicos, un judío, un budista, un chiíta, un musulmán, un santero, un espiritista, o un adivino, tod@s creen y tod@s ven sus milagros materializarse. Tod@s proclaman que fue Dios quien le respondió y los oyó y está de su lado. Sin embargo cuando los milagros ocurren en el bando opuesto se lo acreditan a Lucifer.

Y regresando al caso del adventista/cristiano/católico, muchos años atrás tuve una Epifanía al asistir a el velatorio de mi exnovio Junior, sí, el mismo, mi primer romance con un bisexual.

El, acababa de fallecer por causa del VIH, no por razones sexuales sino por su adición a la heroína. El amigo y vecino de mi familia, quien después de haberme usado como un objeto sexual, yo lo perdoné y compartíamos en eventos sociales como este; él me avisó sobre la muerte y velatorio de Junior.

Precisamente antes de llegar al velatorio me confesó que él y Junior habían tenido lo suyo. De todas maneras, una ves que llegué a la funeraria fui primeramente a darle mi pésame a su madre y a sus herman@s. Enseguida me acerqué a su cuerpo inerte y frío. Además de vacío y teso, le toque una mano, como queriendo decir, aquí estoy, nunca te olvidaré. ¡Ya te echo de menos, te recordaré entraña blemente!

Y de la nada siento que posan unas manos grandes y calientes sobre mis hombros, me asusté pensé que era un ángel. Abrí mis ojos, miré hacia atrás, y veo a mi vecino Adventista, quien me dice: si te estás preguntando sobre su salvación, yo te puedo testificar que en los últimos dos años de su vida la paso adorando a Dios en nuestra iglesia.

Yo me quedé estupefacto y perplejo, pues paso por mi mente, y como iba él a saberlo.

Sin embargo, yo siempre que voy a un velorio y me ubico frente al cuerpo sin vida de cualquier mortal, me formulo la misma interrogante. ¿Habrá ensayado un encuentro cercano o extrasensorial con YESHÚA?

La Católica Apostólica y Romana/Cristiana

Cuando tuve el privilegio de conocer a ésta admirable señora, percibí en ella una aureola de paz, candidez, humildad, sabiduría, elegancia, de buen gusto al vestir, humanitaria, yo diría que santa, o sea apartada espiritualmente. Me enteré de sus constantes vigilias y oraciones, además de sus obras de sanidad.

Ella misma me contó sobre un sin número de milagros de sanidad que Dios le daba para ensayar en distintas personas. Eran tanto sus testimonios que a la primera oportunidad que se me presentó le llevé a mi madre para que orara por ella. Mi madre creyó y fue sanada de los efectos secundarios de la quimio y la radio terapia.

También le llevé a una amiga que sufría de leucemia y ella creyó y también fue sanada.

Todo el proceso de unción y oración tomaba lugar en su recámara, en donde tenía un pequeño altar, con velas, rosarios, flores frescas, crucifijos, y una estatua de cerámica que representaba a un santo llamado, San Martín de Porres. Un día me confesó que era su preferido.

Después de esas muestras del poder sanador de sus manos hacía mis seres queridos, yo también creí y la ame como a un familiar más.

Teníamos largas conversaciones sobre la familia, la religión, la fe y Dios. Siempre terminábamos de acuerdo o de acuerdo en estar en desacuerdo.

Nunca pude descifrar si nuestra amistad y nuestra fe tan parecidas, pero a la misma vez opuestas, era producto del amor de Dios o era la ilusión de dos pecadores, uno abominable y la otra idólatra, que se esforzaban por amar a Dios en contra de toda teología y religión.

Lo cierto es que la llegue a amar como a una hermana en la fe. Ella nunca me juzgó por ser homosexual y mucho menos yo a ella por ser idólatra. Por supuesto, mientras conversaba con ella me parecía ver su idolatría marcada en su frente; me supongo que ella también veía mi abominación en mi frente.

Mi última experiencia con ella fue escalofriante, un presagio o quizás una manifestación extrasensorial. Un día, mientras conducía un carro, en la calle estatal #2, en Vega baja, y pasaba justo en frente de una funeraria, la ví caminando sola sin sus hijas a su lado. Lo cual me estuvo extraño y traté de mirarla en mi espejo retrovisor para cerciorarme que era ella y llevarla a su casa, pero no la pude ubicar, desapareció.

Esto sucedería alrededor de las diez de la mañana, cuando iba de camino a comprar unas losetas para mi negocio. Y ya habían transcurrido unos veintisiete minutos cuando recibí una llamada de unos de los nietos de ella, quien me anunció su muerte en esa misma mañana. Le pregunté que a qué hora sucedió y me contestó que no sabía a ciencia cierta pero que había pasado temprano en la mañana..

Posiblemente ella fue un instrumento de Dios y una de los pocos católicos escogidos para salvación. O quizás una ilusión o manifestación de los ángeles caídos, quienes también suelen ejecutar milagros, con el fin de engañar aún a los escogidos. Yo diría que es más probable que su amor por los demás y Dios la hace digna de salvación. Me parece que tendré que esperar al juicio final para saber la respuesta de mi interrogante.

24. Porque surgirán falsos mesías y falsos profetas, y mostrarán grandes señales y maravillas, para desviar, si es posible, incluso a los elegidos.
Matthew 24

El Cristo de La Palma Real

Esta experiencia que les estoy por contar fue una ilusión colectiva que muchos ciudadanos de Vega Alta y pueblos limítrofe se volcaron a ver. Fue un fenómeno paranormal que surgió de la nada y causó un impacto colectivo a miles, incluyéndome a mí.

La noticia se oyó en todos los medios de difusión, además de las plazas, las tiendas, las barberías, las esquinas, en fin hasta llegar a mis oídos. El fenómeno me intrigó; como si fuera posible ver al Hijo de Dios en cualquier lugar terrenal. No me pude contener, cerré la barbería, me subí a mi carro "323 hatchback" y me fui en busca del Cristo.

Yo iba de camino con muchas interrogantes en mi mente y la primera era, el porqué voy a buscar lo que está prohibido por la biblia, en especial una imagen de "Jesús". Cuando la biblia advierte lo siguiente:

25. "He aquí, te lo he dicho de antemano.
26. Si, por lo tanto, te dicen: "él está en el desierto", no salgas; "él está en las habitaciones interiores", no lo creas.
Matthew 24

Definitivamente que yo estaría en un estado de inconsciencia o de inestabilidad espiritual.

Lo cierto es que aún así yo continué mi aventura para llegar al lugar. Era en el campo, entre plantas de distintos verdes, frutos silvestres, colores, de distintos follajes, árboles como los flamboyanes rojos y anaranjado intenso, árboles de ceibas, palmeras de cocos, arbustos de icacos, pajuiles, árboles de cerezas, etc., etc.

Y justo en el centro de la naturaleza silvestre, como toda una reina, con una altura imponente y como si estuviera consciente de lo que manifestaba su existencia, se encontraba la Palma Real dándole crédito a su nombre.

Y allí lo ví, entre semillas de diminutos cocos, vainas secas, ramilletes pelados y pencas en colores ámbar, amarillo, castaño claro y oscuros, además del efecto que causaba las sobras. Y desde una distancia de aproximadamente diez pies, pude descifrar su rostro, el de Jesús, el rostro que estoy acostumbrado a ver en las pinturas de los grandes artistas.

¡Quedé anonadado, estupefacto, petrificado y patidifuso! Pude distinguir entre el cabello que caía como catarata hasta más abajo de su quijada, la corona que cruzaba desde una cien hasta la otra, la barba y los destellos de luz que le daba tonos de rubio a su cabellera.

Fue una locura colectiva, pues todos veíamos el rostro con todos sus detalles al comparar nuestra visión de lo mismo.

Finalidad
Capítulo 26

Son mis mayores deseos el entretenerlos con mis anécdotas, combinada con un poco de historia y mi tesis sobre cómo se corrompió el mensaje de paz y amor de Yeshúa, y mi rotundo rechazo del cristianismo. El cual, y después de un extenso análisis descubrí, fue desviado de la VERDAD y en vez de haber servido de bálsamo espiritual y salvación para los pobres, fue convertido en un medio de opresión, sumisión, control social y mental, por el emperador Constantino y sus secuaces, los sacerdotes grecorromanos.

Hoy día no son los grecorromanos ni Constantino, pero siguen siendo los cristianos junto a Donald Trump.

Mi anhelo es infundir y compartir, entre la comunidad LGTBQ+, la esperanza del amor incondicional del Hijo de YAH, que yo estoy experimentando hoy día. Su gracia, su perdón de todos mis abominables actos, y la nueva vida que llena todo el espacio vacío, que cura las heridas y las llagas que me infligieron los ángeles caídos y la culpa que el pecado dejó en mortal ser,

Es mi propósito que tod@s reciban este mensaje de paz, amor y esperanza en Yeshúa el Mesías. Es de suma importancia que además de que sepas que Yeshúa entregó su vida por ti y por los tuy@s, muriendo en el madero, como un cordero sin manchas propias, solo las tuyas y las mías. Venciendo así a la muerte, el castigo que heredamos en el principio de la creación. Y me refiero a la muerte espiritual y no carnal. Éste cuerpo regresará al polvo de donde surgió.

Cómo les decía, que es de suma importancia el que reconozcas, (a diferencia de las religiones que profesan conocer a Dios) que conocer a un Ser Supremo requiere conocerlo por nombre, esto es si Su Nombre contiene algún valor universal o si éste se diferencia de otros seres en este mundo o en cualquier parte del universo.

Si luego de analizar y de llegar a la conclusión de que Su Nombre es Supremo y está atado a Su mismísimo Ser, entonces estarás en el camino correcto y estás de acuerdo conmigo, en Llamarle por Su Santo, Supremo, Glorioso e Imponente Nombre; y Su Nombre que le dió a Su Hijo, YESHÚA; que significa Salvación.

Existen un sin número de veces en donde, YAH nos invita a llamarlo por Su Sagrado Nombre. Y me siento comprometido a compartir con ustedes varios de ellos; y ruego a YAH en el Nombre de YESHÚA que sean abiertos tus ojos espirituales. Ya que todavía los que, aparentemente saben la verdad intrínseca de Su Nombre, insisten en llamarlo por el nombre grecorromano y traducirlo en base a éste, no el hebreo. Y lo defienden a capa y a espada, como siempre lo han hecho.

Ninguna parte de mi libro tiene mayor valor que lo que dicen los próximos versículos (además de la muerte y resurrección de Su Hijo)

—**La Suprema e Intrínseca Importancia de Su Nombre está plasmada en toda la biblia**—

En conjunto, aproximadamente, el nombre de Dios es mencionado alrededor de 7,854 veces en la versión Reina Valera y 11,004 en la versión King James.

¡Te invito a investigarlo por tu propia cuenta! ¿En verdad, en verdad, hará sentido que ÉL haya dado a conocer SU NOMBRE, y que éste haya sido escrito miles de veces en "VANO"?

Génesis 4
26. También nació un hijo de Seth, y lo llamó Enoch. En ese momento, los hombres comenzaron a llamar el nombre del Señor.

Salmos 23
3. Él restaura mi alma. Él me guía en los caminos de la justicia por el bien de su nombre.

Salmos 91

14. "Porque él ha puesto su amor en mí, por lo tanto, lo libraré. Lo pondré en lo alto, porque ha sabido mi nombre.

Salmos 9
10. Los que conocen tu Nombre pondrían su confianza en ti, porque tú, Señor, no has desamparado a los que te buscan.

Joel 2
32. Sucederá que el que invoque el Nombre del Señor será salvo; porque en el Monte Sión y en Jerusalén habrá los que escapan, como ha dicho el Señor, y entre los remanentes, aquellos a quienes el Señor llama.

Salmos 79
9. Ayúdanos, Dios de nuestra salvación, por la gloria de tu Nombre. Líbranos y perdona nuestros pecados, por el bien de tu nombre.

Deuteronomio 5
11. "No tomarás el nombre del Señor tu Dios en vano; porque el Señor no considerará inocente al que toma su nombre en vano.

vano **1**, na

Definición
Del lat. *vanus*.

- adj. Falto de realidad, sustancia o entidad.Sin.:
- irreal, ilusorio, infundado, inexistente2, aparente.
- Ant.:
- real1, auténtico.

¿No es así como lo han tratado los que lo esconden, ignoran o los que lo traducen?

En otras palabras, los Verdaderos Nombres son para ellos, irreales, ilusorios, infundados, inexistentes o aparente. ¿No son indispensable en los estudios bíblicos, se pueden silenciar, obviar o pasar por alto?

¡No señores, SUS SAGRADOS NOMBRES, no son negociables!
¡No son traducibles!
¡Sus Nombres Son Reales, y Existentes!
¡Dignos de conocer y adorar por todas las naciones!

Isaías 12
4. En ese día dirás: "¡Da gracias al Señor! Llama a su Nombre. Declarar sus hazañas entre los pueblos. ¡Proclama que su Nombre es exaltado!

Salmos 103
Bendice, alma mía, a YAH! Todo lo que está dentro de mí, ¡alabe su Santo Nombre!

Salmos 9
2. Me alegraré y me regocijaré en ti. Cantaré alabanza a tu Nombre, Oh Alto.

Salmos 145
1. Te exaltaré, Dios mío, el Rey. Alabaré tu Nombre por siempre.

Salmos 124
8. Nuestra ayuda está en el Nombre del Señor, que hizo el cielo y la tierra.

Salmos 105
1. ¡Da gracias al Señor! ¡Llama su Nombre! Haz que sus hazañas sean conocidas entre los pueblos.

Salmos 31
3. Porque tú eres mi roca y mi fortaleza, por lo tanto, por tu Nombre, guíame y encamíname.

Zacarías 14
9. El Señor será el Rey de toda la tierra. En ese día el Señor será u
Uno, y su Nombre Uno.

Proverbios 18
10. el Nombre del Señor es una torre fuerte: los justos corren a él, y están a salvo.

Salmos 68
4. ¡Canta a Dios! ¡Canta alabanzas a su nombre! Ensalza al que cabalga sobre las nubes: ¡al Señor, su Nombre! ¡Regocíjate ante él!

Salmos 86

11. Enséñame tu camino, Señor. Caminaré en tu verdad. Haz que mi corazón no sea divisible para temer tu Nombre.

Salmos 115
1. No a nosotros, Señor, ni a nosotros, sino a tu Nombre, doy gloria, por tu bondad amorosa y por el bien de tu verdad.

Salmos 9
10. Los que conocen tu Nombre pondrían su confianza en ti, porque tú, Señor, no has abandonado a los que te buscan.

Salmos 20
7. Algunos confían en los carros, y otros en los caballos, pero nosotros confiamos en el Nombre del Señor nuestro Dios.

Isaías 26
8. Sí, en el camino de tus juicios, el Señor, te hemos esperado. Tu Nombre y tu Renombre son el deseo de nuestra alma.

Proverbios 22
1. Un buen nombre es más deseable que las grandes riquezas, y el favor amoroso es mejor que la plata y el oro.

Isaías 65

1. "Me preguntan aquellos que no preguntaron. Me encuentran aquellos que no me buscaron. Dije: "Mírame, mírame", a una nación que no fue llamada por mi Nombre.

Malachi 4
2. Pero a los que temen mi Nombre, el sol de la justicia se levantará con sanasión en sus alas. Saldrás y saltarás como terneros del puesto.

Salmos 63
4. Así que te bendeciré mientras viva. Levantaré mis manos en tu Nombre.

Amos 9
6. Él es el que construye sus habitaciones en los cielos, y ha fundado su bóveda sobre la tierra; el que llama a las aguas del mar, y las derrama sobre la superficie de la tierra; el YAH es su Nombre.

Job 1
21. Él dijo: "Desnudo salí del vientre de mi madre, y desnudo volveré allí. El Señor dio, y el Señor ha quitado. Bendito sea el Nombre de YAH".

Isaías 57
15. Porque así dice el alto y elevado, Aquel que habita la eternidad, cuyo Nombre es Santo: "Habito en el lugar alto y santo, con el que también es de un espíritu contrito y humilde, para revivir el espíritu del humilde, y para revivir el corazón del contrito.

—El Nombre por encima de todos los nombres—

Isaías 7
14. Por lo tanto, el Señor mismo te dará una señal. He aquí, la virgen concebirá, dará a luz un hijo, y llamará su Nombre Immanuel.

Isaías 9
6. Para nosotros nace un niño. Se nos da un hijo; y el gobierno estará sobre sus hombros. Su Nombre se llamará Maravilloso, Consejero, Dios Poderoso, Padre Eterno, Príncipe de la Paz.

Isaías 52
6. Por lo tanto, mi pueblo sabrá mi Nombre. Por lo tanto, sabrán en ese día que yo soy el que habla. He aquí, soy yo".

Proverbios 30
4. ¿Quién ha ascendido al cielo y ha descendido? ¿Quién ha reunido el viento en sus puños? ¿Quién ha atado las aguas en su prenda? ¿Quién ha establecido todos los fines de la tierra? ¿Cómo se llama y cómo se llama su hijo, si lo sabes?

Hebreos 1
3. Su Hijo es el resplandor de su gloria, la imagen misma de su sustancia, y sosteniendo todas las cosas por la palabra de su poder, quien, cuando por sí mismo

nos había purificado de nuestros pecados, se sentó a la diestra de la Majestad en lo alto;

Actos 2
21. Será que quien invoque el Nombre del Señor será salvo".

Romanos 10
13. Porque, "El que invoque al nombre del Señor será salvo".

Filipenses 2
9. Por lo tanto, Dios también lo exaltó, y le dio el Nombre que está por encima de todo nombre;
10. que en el Nombre de Yeshúa todas las rodillas se doblen, de los que están en el cielo, los que están en la tierra y los que están debajo de la tierra.

Apocalipsis 3
5. El que vence será vestido con ropa blanca, y de ninguna manera borraré su nombre del libro de la vida, y confesaré su nombre delante de mi Padre y delante de sus ángeles.

—Incluso nuestros nombres son significativos para Él—

Zacarías 14
9. El Señor será el Rey de toda la tierra. En ese día el Señor será uno, y su Nombre uno.

1 Yochanan 5
13. Estas cosas las he escrito a los que creen en el Nombre del Hijo de Dios, para que sepan que tienen vida eterna, y que puedan continuar creyendo en el Nombre del Hijo de Dios.

Juan 14
13. Todo lo que pidas en mi Nombre, lo haré, para que el Padre sea glorificado en el Hijo.

Juan16
24. Hasta ahora, no has pedido nada en mi Nombre. Pide, y recibirás, que tu alegría se llene.

Juan 1
12. Pero tantos como lo recibieron, a ellos les dio el derecho de convertirse en hijos de Dios, a los que creen en su Nombre:

Actos 10
43. Todos los profetas testifican sobre ÉL, que a través de su Nombre todos los que crean en él recibirán remisión de pecados".

Actos 4
12. ¡No hay salvación en nadie más, porque no hay otro Nombre bajo el cielo que se dé entre los hombres, por el cual debemos ser salvos!"

Juan 3

18. El que cree en ÉL no es juzgado. El que no cree ya ha sido juzgado, porque no ha creído en el Nombre del único Hijo de Dios.

Colosenses 3
17. Hagas lo que hagas, en palabra o en acción, hazlo todo en el Nombre del Señor, YESHÚA dando gracias a Dios el Padre, a través de ÉL.

Juan 14
26. Pero el Consejero, el Espíritu Santo, a quien el Padre enviará en mi Nombre, te enseñará todas las cosas, y te recordará todo lo que te he dicho.

Juan 17
5. Ahora, Padre, glorifícame con tu propio YO con la gloria que tuve contigo antes de que existiera el mundo.

Juan 17
6. Revelé tu Nombre a las personas a las que me has dado fuera del mundo. Eran tuyos, y me los has dado. Han cumplido tu palabra.

11. Ya no estoy en el mundo, pero estos están en el mundo, y vengo a ti. Santo Padre, protégelos a través de tu Nombre que me has dado, para que sean Uno, igual que nosotros.

26. Les di a conocer tu Nombre, y lo haré saber; para que el amor con el que me amaste esté en ellos, y yo en ellos".

Yo creo rotundamente que he seguido el camino que trazó Yeshúa, cuando dijo "que lo seguiría dando a conocer", el Sagrado Nombre de YAH. ¿Y quién seguirá dándolo a conocer? ¡Por supuesto que yo y tú, si crees y quieres!

Mateo 6
9. Ora así: 'Padre nuestro en el cielo, que tu Nombre sea santificado.

Notificación
Capítulo 27

Éste libro intenta expresar una defensa personal de mi complicada identidad, mi ser varón, mi ser espiritual, mi ser homosexual y mi fe en el Mesías. De ninguna manera estoy patrocinando una religión nueva, ni siquiera asisto a ninguna sinagoga, ni me he convertido al judaísmo hasta hoy día. ¡Quizás lo haga mañana!

Aunque mayormente dispuse de la Biblia Mesiánica, me parece haber divisado algunas fallas como, el que no le den el lugar al Tetragrámaton y lo hayan reemplazado con el título Señor. Cómo aparece explícito en "los rollos del Mar Muerto". Claro está, que me fascina ver que respeten el Nombre del Mesías Yeshúa, el Hijo de YAH, YAH MISMO.
De acuerdo a Juan cuando dijo:

Juan 1
1. En el principio estaba la Palabra, y la Palabra estaba con Dios, y la Palabra era Dios.
¡Yeshúa, es La Palabra de Dios!

Hebreos 1
3. Su Hijo es el resplandor de su gloria, la imagen misma de su sustancia, y soste niendo todas las cosas por la palabra de su poder, quien, cuando por sí mismo

nos había purificado de nuestros pecados, se sentó a la diestra de la Majestad en lo alto;

Este libro está dirigido a tod@s aquellos desestimados por el cristianismo y que nunca han oído el Nombre que es Sobre todo nombre.

¡Mi defensa es ante el trono de la Gracia Divina! Es un clamor hacia Él, con un corazón contrito y humillado, sin pretensiones ni exigencias. ¡Solo por fe, o sea por confianza siega!

<u>Aclaración</u>: prácticamente en ningunas de las versiones traducidas de la biblia usan el Tetragrámaton. Sin embargo en los "rollos del Mar Muerto" sí está explícito en todas partes.

Es una vergüenza confesar que si me dieran a escoger entre el cristianismo y el satanismo, yo escogería el cristianismo; ya que el fin justifica los medios.
O sea, que como cristiano yo podría subyugar, someter o eliminar a punta de espada a quien no crea en mi Cristo.
En otras palabras, yo estaría en control y podría someter a mi prójimo.
¡No velar por sus derechos, sino los míos!

En realidad No tod@s los cristianos y católicos están bajo el encanto de satán.

Al igual que el de ellos, mi pasado estuvo guiado por satán.
Especialmente Los Escogidos.
¡Yo estuve ciego una vez y ahora veo!
¡Y tampoco soy el mejor ejemplo a seguir!

Esto es, "Punto y aparte"
Y para terminar con esta protesta y defensa sobre mi identidad, mi fe y mi rechazo del cristianismo que me condena, les compartiré mi teoría sobre la naturaleza del transexual.

Me tomaré el mismo descaro que se tomaron los católicos/cristianos de declarar, en base a un solo versículo, la existencia de la Trinidad. A pesar de que, Yeshúa dijo varias veces que en Su Nombre haríamos todo lo que pidiéramos. Existen aproximadamente 14 citas bíblicas que afirman que todo sería hecho en Su Nombre y no en "el nombre del padre, del hijo y del espíritu santo".

En base a la biblia, igualmente con tan solo un versículo mostraré como es posible que un varón crea ser o sienta tener a una mujer en su ser. ¡No científicamente! ¡De acuerdo al modo y proceso de la creación.

Lo que he hecho ha sido innumerables de veces perpetrado por los demás cultos religiosos.

Por ejemplo:

Los testigos de Jehová defienden su teoría o teología doctrinal para refutar que su Dios no es un Dios trino.

Los cristianos al igual que los católicos defienden su doctrina o teoría sobre la Trinidad, a punta de espada y masacres. En base de un solo versículo.

Los santos de los últimos días defiende la suya sobre el ángel Maroni su último profeta y su fundador, Joseph Smith.

¡En lo único que están de acuerdo, es en el nombre grecorromano de "Jesucristo" y que la homosexualidad es una abominación!

—¿A quién vamos a creerle?—

Y así mismo existen varias más que se contradicen usando el mismo texto, que no son extraídos directamente de "los rollos del mar muerto". Son versiones traducidas desde el griego al latín y así sucesivamente hasta llegar al inglés y al español, perdiendo así la esencia de su raíz hebreo/arameo.

Y volviendo al asunto en mano, aquí le comparto mi teoría (no doctrina ni teología).

Desde el principio Dios creó a un varón con todos los elementos, esencia y los cromosomas indispensables e imprescindibles para formar a una mujer.

¡Dígame alguien a mí, que su Dios no podía formar otras costillas para crear a una mujer con el mismo materia prima que empleó para crear al varón!

Y de la costilla que YAH Dios tomó del varón, hizo una mujer, y la trajo al varón.
Genesis 2:22

Yo creo que, YAH obra por senderos misteriosos; y el misterio de la naturaleza de los transgénero está aquí descifrado y marcado. Ell@s son hechuras de ÉL; y de igual manera están incluid@s en el plan de salvación de Yeshúa el Mesías. Sí, Su muerte y Su resurrección fue por tod@s y para tod@s.

37 Todo lo que el Padre me da, vendrá a mí; y al que a mí viene, no le echo fuera. 38 Porque he descendido del cielo, no para hacer mi voluntad, sino la voluntad del que me envió. 39 Y esta es la voluntad del Padre, el que me envió: Que de todo lo que me diere, no pierda yo nada, sino que lo resucite en el día postrero. 40 Y esta es la voluntad del que me ha enviado: Que todo aquel que ve al Hijo, y cree en él, tenga vida eterna; y yo le resucitaré en el día postrero.
Juan 6:37–40

¡Amig@s no crean ninguna de mis teorías hasta que lo investiguen y lo comprueben!

¡Y por sí acaso! ¡Yo creo que Yeshúa vino completamente en la carne! ¡Él no vino en forma de Dios y mitad ser humano!

1. Amado, no creas en todos los espíritus, pero prueba los espíritus, si son de Dios, porque muchos falsos profetas han salido al mundo.
2. Por esto conocéis el Espíritu de Dios: todo espíritu que confiesa que Yeshúa el Mesías ha venido en la carne es de Dios,
1 Juan 4

Si alguien oye mis palabras y no las guarda yo no lo juzgo; porque yo no vine para juzgar al mundo sino para salvar al mundo.
(Juan 12:47)

Hagamos otra aclaración, en realidad cuando los cristianos/católicos o los otros nos juzgan de depravados sexuales lo hacen con razón y la mayor de las veces con pruebas de ello. ¡No se puede tapar el cielo con las manos! Por ejemplo, qué tiene que ver el orgullo de ser aceptado gay con una exposición indecente en una parada gay; una carroza repleta de machos cubiertos con solo hilos (traje de baño) o con correas de ataduras sexuales, cubriéndose sólo los genitales.

Qué tiene que ver la libertad y la aceptación de ser gay con el estar en un parque público cruzando para buscar una noche de placer sexual con un desconocido, en un baño público, en un carro, en una playa, un río, o en el baño de alguna iglesia. ¡En serio! ¿Debería yo o él, ella, ellos, ellas, nosotros o nosotras sentirse orgullos@ de llevar acabo una exposición sexual indecente y llamarle a ello "orgullo gay"? De ello puedo yo hablar pues yo practicaba tal maldad, guiado por los angeles caídos y las drogas, las cuales servían para mantener mi mente en cautiverio.

—La abominación no es el homosexual, son los actos inmorales los que constituyen la abominación—

¡Si eres gay cristiano o heterosexual cristiano, este libro no es para ti!

Porque hay un solo Dios y un solo mediador entre Dios y los hombres, Yeshúa el mesías, humano.
I Timoteo 2:5

Quien, siendo por naturaleza Dios, no consideró el ser igual a Dios como algo a qué aferrarse. Por el contrario, se rebajó voluntariamente, tomando la naturaleza de siervo y haciéndose semejante a los seres humanos. Y, al manifestarse como ser humano, se humilló a sí mismo y se hizo obediente hasta la muerte, ¡y muerte en el madero!
Filipenses 2:6-8

¡GRACIAS!

Autor: LA PIEDRA

www.ingramcontent.com/pod-product-compliance
Lightning Source LLC
Chambersburg PA
CBHW020248010526
44107CB00002B/148